服务化背景下
质量管理实践的绩效影响研究——基于顾客行为视角

杨晓曦 / 著

图书在版编目（CIP）数据

服务化背景下质量管理实践的绩效影响研究：基于顾客行为视角 / 杨晓曦著. — 成都：四川大学出版社，2022.11

（博士文库）

ISBN 978-7-5690-5895-6

Ⅰ. ①服… Ⅱ. ①杨… Ⅲ. ①质量管理—研究 Ⅳ. ①F273.2

中国版本图书馆 CIP 数据核字（2022）第 254203 号

书　　名：	服务化背景下质量管理实践的绩效影响研究——基于顾客行为视角
	Fuwuhua Beijing xia Zhiliang Guanli Shijian de Jixiao Yingxiang Yanjiu——Jiyu Guke Xingwei Shijiao
著　　者：	杨晓曦
丛 书 名：	博士文库

丛书策划：张宏辉　欧风偃
选题策划：张宇琛
责任编辑：张宇琛
责任校对：于　俊
装帧设计：墨创文化
责任印制：王　炜

出版发行：	四川大学出版社有限责任公司
地　址：	成都市一环路南一段 24 号（610065）
电　话：	（028）85408311（发行部）、85400276（总编室）
电子邮箱：	scupress@vip.163.com
网　址：	https://press.scu.edu.cn
印前制作：	四川胜翔数码印务设计有限公司
印刷装订：	成都市新都华兴印务有限公司

成品尺寸：170 mm×240 mm
印　　张：9
插　　页：2
字　　数：175 千字

扫码获取数字资源

版　　次：2023 年 4 月 第 1 版
印　　次：2023 年 4 月 第 1 次印刷
定　　价：48.00 元

四川大学出版社
微信公众号

本社图书如有印装质量问题，请联系发行部调换

版权所有 ◆ 侵权必究

前　言

　　面对顾客需求以及经营环境的不断转变，传统的制造模式已无法在多变的市场环境中获得竞争优势，越来越多的制造企业通过服务化创新寻求新的市场机会，争取更多盈利空间，提升竞争能力。然而，在服务化实施过程中，如果新的业务无法满足顾客期望，反而会造成顾客流失，给企业带来负面影响。积极的质量管理实践可以帮助制造企业更准确地了解顾客需求，更好地控制业务交付过程，提高顾客感知质量。因此，本书聚焦制造企业服务化，探讨当前服务化背景下，企业的质量管理实践如何影响其绩效表现。具体研究内容与创新如下。

　　首先，在制造企业服务化的市场趋势下，面对服务化实施挑战，从顾客感知与行为的视角，思考质量管理对企业转型效果以及顾客相关绩效的保障作用。根据服务化由产品导向型向使用导向型发展的主流特点，以我国装备制造企业为研究对象，结合服务化和质量管理实践的相关理论基础，建立了质量管理实践各要素与服务化结果和顾客相关绩效的影响关系模型，基于调研数据进行实证研究。研究结果表明：整体的服务导向氛围能够促进制造企业服务创新能力的提高，进而提升顾客反应方面的绩效；同时，质量管理实践中的基础实践类要素在服务导向与服务创新能力之间具有直接影响和中介作用，而质量管理实践中的核心实践类要素在创新服务获得绩效提升过程中起到调节作用。从企业行为角度揭示了制造企业服务化绩效实现过程中，质量管理各实践要素在不同阶段的作用机制。

　　其次，在制造服务化背景下，进一步探讨了作为企业质量管理实践重要结果的服务质量的内涵与测量，并检验了服务质量与顾客相关绩效的直接关系。首先从顾客感知角度出发，经过量表开发、提纯及检验等研究步骤，以汽车企业的信息技术类服务为例，形成了多维度的服务质量测量量表；而后从顾客满意与忠诚行为的视角构建制造企业服务质量与绩效的关系模型，通过使用结构方程模型，验证了服务质量直接影响顾客的服务满意度和品牌满意度，进而影响其对企业的忠诚度表现。从服务化结果角度，构建了与传统服务不同的服务质量测量量表，形成兼具服务特性与产品属性的服务质量概念，并确认了制造服务化过程中质量与绩效的关系。

最后，通过对成功实现服务化转型的企业进行案例研究，呈现数据驱动的服务质量改进过程。研究表明，制造企业的服务质量不仅要考虑无形服务的特性，还要兼顾产品属性上的质量，产品、员工与服务应形成统一的整体性感知，在进行质量改进时，也要从顾客需求及感知角度出发，灵活运用质量管理和创新工具，以获取顾客满意，提升服务质量。

本书以制造企业的服务化转型为关注点，以顾客行为和感知为研究视角，对质量管理实践如何在服务化过程中起到相应的绩效结果进行实践分析与实证研究，通过对服务创新过程中质量管理实践各要素起到的作用和最终绩效影响进行实证研究，从服务运营角度丰富了制造企业服务创新以及服务化绩效结果的研究，进一步为成功实施服务化转型的后续研究夯实了理论基础。此外，本书的研究结果也能在关键质量的控制、组织资源的配置等方面为实施服务型制造转型的制造企业提供实践指导，帮助企业提升绩效与综合竞争力，促进我国制造企业服务化创新水平的不断提高以及产业转型升级。

本书写作及出版受到教育部人文社科西部与边疆项目（项目编号：20XJC630009）的资助，同时，感谢西南石油大学以及天津大学的资源支持！限于作者水平，难免有不足，恳请读者斧正。

杨晓曦

2022 年 6 月

目　录

1 绪　言 ·· (1)
　1.1 研究背景 ·· (1)
　1.2 基本概念与研究问题 ··· (4)
　1.3 研究意义 ·· (7)
　1.4 研究创新点 ··· (8)
2 相关文献综述 ··· (11)
　2.1 制造企业服务化内涵与商业模式 ····································· (11)
　2.2 制造企业服务化的绩效影响 ·· (14)
　2.3 质量管理实践及其绩效影响 ·· (18)
　2.4 服务质量内涵与质量评价 ··· (24)
　2.5 现有文献评述 ·· (31)
3 质量管理实践要素与制造企业服务化绩效的关系研究 ············ (33)
　3.1 理论基础与变量解释 ·· (34)
　3.2 研究假设与模型构建 ·· (38)
　3.3 问卷调查与测量项修正 ··· (42)
　3.4 研究模型实证分析 ··· (50)
　3.5 研究结果讨论 ·· (60)
　3.6 本章小结 ··· (64)
4 制造企业服务质量的评价及其绩效影响研究 ·························· (65)
　4.1 研究对象的概念界定 ·· (66)
　4.2 服务质量测量量表开发与检验 ······································ (67)
　4.3 制造企业服务质量的绩效影响 ······································ (80)
　4.4 研究结果讨论 ·· (89)
　4.5 本章小结 ··· (91)
5 服务质量改进案例研究 ··· (93)
　5.1 项目背景 ··· (93)

  5.2 质量改进方法及工具说明 ···（ 94 ）
  5.3 服务质量改进过程 ···（ 94 ）
  5.4 案例结果讨论 ··（107）
  5.5 本章小结 ···（108）
6 研究结论与贡献 ··（109）
  6.1 主要研究结论 ··（109）
  6.2 理论贡献与实践启示 ··（112）
参考文献 ···（115）
附 录 ···（135）
  附录Ⅰ：制造业服务化转型与质量管理调查问卷 ························（135）
  附录Ⅱ：关于车联网服务质量的调查问卷 ·································（137）

1 绪 言

随着服务经济的全面发展,制造企业面对的消费者需求模式和行业竞争环境发生了翻天覆地的变化。日益壮大的消费群体对于个性化、自定义和价值创造等需求不断增加,同时全球化经济的发展使得可替代产品大量出现,继续压榨产品生产利润,传统的企业发展模式和业务流程很难支撑企业在目前的竞争环境中保持持续的竞争优势。制造业服务化,是制造企业为了获取持续的竞争优势,将价值链由以制造业为中心向以服务为中心转变。因此进行服务创新、发展服务型制造已成为制造企业寻求健康可持续发展的一种有效途径。制造业的服务创新和服务化转型是指制造企业在提供实物产品的同时,给予顾客所需要的服务,并通过新思想和新技术不断完善、变革现有服务和产品,提高使用效率,扩大服务范围,为顾客提供专业化与个性化的服务,最终为顾客创造价值,实现顾客满意。

1.1 研究背景

制造企业提供服务的创新式商业活动已经有很长的历史,但开始只是少数企业为占据市场地位和盈利而产生的经验性行为。直到 Vandermerwe 和 Rada(1988)[1]正式提出服务化(servitization)的概念,这种新的商业模式逐渐成为企业实践和学术研究的关注焦点。许多发达国家进入后工业社会后,劳动成本提高,劳动密集型生产方式失效,企业开始通过创意设计、个性化需求满足等服务型活动转型,使制造业的价值分布从制造环节向服务环节转移,开始了服务化转型之路。前期为典型制造企业的国际商用机器(IBM)公司在面临巨额亏损后,于 2002 年开始转向软件和服务业务,通过内外部资源的整合,提出为顾客提供硬件、软件和服务一体的解决方案的业务模式,转型为解决方案提供商的 IBM 公司一跃成为信息技术服务行业的翘楚。全球最大的电子和电器设备制造商——美国通用(GE)公司也很早开始了强化服务业务的道路,尤其面对 20 世纪 90 年代美国经济体制的剧变，GE依靠制造业务盈利愈发困难，于是加速拓展服务领域，2004年其服务业务（包括金融、信息和产品等方面）的收入就已达到63.2%[2]，如今已发展成为竞争力强大的基于核心制造能力的"多元化服务公司"。此外，卡特彼勒（Caterpillar）、施乐（Xerox）、苹果（Apple）以及索尼（SONY）等公司也实现了对于服务化的成功转型，并借此克服了产品同质化陷阱从而获得了更多效益[3]。随着服务化战略的不断成功和推广，制造业与服务业的边界不断模糊，投入产出关系发生变化，制造企业的服务性投入迅速增长，而顾客的服务需求也更加明确与显著，服务型制造渐渐成为制造行业升级发展的大趋势。作为制造业服务化程度最高的地区，美国开始实施服务化的企业达到制造企业总数的58%[4]。虽然服务化的概念在我国引入稍晚，但近年来随着我国经济的稳健发展，制造业也在快速发展中摸索着世界前沿的新模式，官方文件中多使用服务型制造来对应国外学术界的服务化概念[5]。以海尔为代表的中国制造业领军企业意识到了服务经济时代的到来，纷纷响应服务型制造理念。2007年宣布服务转型后，海尔逐步向平台模式转变，借助互联网的发展成功推行"企业平台化、员工创客化、用户个性化"的网络化战略，实现了稳步增长。此外，装备制造行业的陕鼓、钢铁行业的宝钢以及服装行业的红领等都在21世纪初开始服务化转型，并实现了企业高速发展。特别是国务院印发的指导制造业产业升级的战略文件《中国制造2025》中，将"积极发展服务型制造和生产性服务"作为战略任务和重点之一，随后形成了《发展服务型制造专项行动指南》，为中国制造企业的服务化发展设置了方向与目标，大力推动服务型制造的发展。

但另一方面，服务化转型对我国制造业来说已不再是锦上添花而是势在必行，然而服务化之路面临诸多挑战。随着人力成本的上升，我国的制造优势逐渐下降，同时，随着我国制造业与国际先进水平差距不断的缩小，可借鉴经验越来越少，更需要企业的自主创新和发展服务型制造来优化产业结构，重塑制造业价值链，获取优势。然而，目前国内企业的服务化发展仍处于尝试阶段，很多企业尚未因服务化而创造实际价值，德勤在对中国装备制造业服务创新的调查中发现，虽然73%的被调查企业进行了频繁的服务创新活动（图1-1a），但78%的企业服务收入占总营业收入比重不足10%（图1-1b）；相对的，在《全球服务业和零件管理基准研究》中调查的80家全球领先制造业企业，2010年服务收入平均比重就已达到26%，服务净利润贡献率均值达到46%。这些产业发展中的压力与挑战，时刻鞭策着中国企业对服务化制造模式的继续探索。

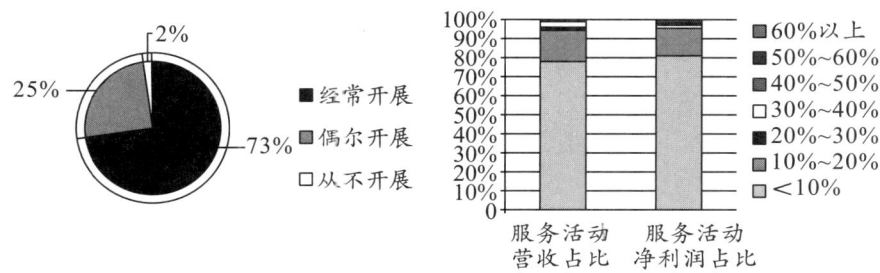

a　开展服务创新活动的频率　　b　服务对收入及利润的贡献

图 1-1　受访装备制造企业服务创新活动情况

图表来源：德勤《中国装备制造业服务创新调查》。

无论是利益还是压力驱使，制造企业的服务化道路都并非想象中容易，实践证明并非所有的服务化转型活动都能顺利进行，企业依然面临着很大的"服务化悖论"（servitization paradox）风险，服务业务上的资金投入无法获得应有的效益提升，使服务化的继续推行陷入困境[6]。特别是在服务化转型已成为市场生存趋势，顾客需求持续提升的背景下，不但产品与服务的界限愈发模糊，业务复杂度也在不断增长，业务效果更难控制，企业将面对的市场竞争更加激烈。

此时，无论对于产品还是服务，"质量"都是企业进入市场并参与竞争的第一通行证。激烈市场竞争下的优胜劣汰规则，需要不断提高产品/服务质量以满足顾客所需与所期才能最终在竞争中脱颖而出，获得市场份额实现经济效益，而质量无疑已成为当前市场环境下组织能够有效运作、生存并获利的必要战略武器[7]。服务化模式的市场实践也充分证明了这一理念，为了赢得更多顾客，福特（Ford）公司最早尝试借助电子技术为顾客提供远程服务以提升驾驶体验时，以推出的"MyFord Touch"系统作为其重要竞争优势。但随着时间推移，服务系统与顾客交互的感知结果较差，对"MyFord Touch"的投诉日益增长，致使公众对于福特汽车整体质量评估严重下滑，产生销量影响，直至改善了该项目的客户体验[8]。而雷克萨斯（Lexus）通过其特有的售后服务理念，借助优质服务实现差异化战略，在产品同质化高、竞争激烈的高档车市场后来居上，成功树立品牌形象并创造利润。很多服务化活动失败或服务化悖论发生的原因之一就在于新业务无法达到顾客的期望，甚至在消费过程中增加了不愉快体验的发证概率，最终导致负面形象的产生甚至顾客流失。已有学术研究也证实，顾客都希望产品能够在有效寿命周期内保证令人满意的性能，故而可以通过支持性服务达到，但此时低质量的附加服务反而会增强顾客不满意

003

感,导致品牌更换、失去潜在顾客及口碑、加剧顾客负面印象等后果[9]。于是在制造企业增加服务业务以获取更多价值时,一方面优质的服务能够为产品质量提供补偿作用,但另一方面不恰当的服务质量反而增强了负向感知[10]。制造企业的服务化将首先表现为新业务的开发,因而只有保证顾客对于感知到的质量感到满意,才能获得他们对新业务的认可,产生一系列的购买行为,实现企业转型的成功。同时,制造企业服务化也是为了最大化实现顾客价值,而在强调顾客价值的市场环境下,对于质量的有效控制才能更好满足顾客需求,从而获得市场业绩。面对这种市场环境,党的十九大报告也指出,我国经济已由高速增长阶段转向高质量发展阶段,必须坚持质量第一、效益优先,加快建设制造强国,促进我国产业迈向全球价值链中高端。《中国制造 2025》也提出以"创新驱动、质量为先、绿色发展、结构优化、人才为本"为基本方针来实施制造强国的战略目标。服务业务开发对于制造企业来说是对创新的实践,能够通过新业务赢得市场;质量管理则是保障战略实施效果,树立品牌形象的关键,使产品/服务通过市场的检验,最终实现产业与品牌的升级目标。因此,市场和政策的双重导向使制造企业越来越明确,服务转型与质量控制成为其生存发展并且实现飞跃的关键要素。

  基于上述背景,发展服务型制造是我国制造行业面临的机遇也是挑战。顺应服务化转型的趋势并规避服务化悖论的陷阱对制造企业在激烈的市场竞争中寻求优势具有重要意义,制造企业服务化的成功因素也逐渐成为业界和学术界共同关注的焦点之一。服务型业务的增加不仅改变了企业的运作模式,也影响着顾客对于企业及品牌的整体理解,要取得业务的成功,必须重视并管理好交付业务的质量。因此,在涉及企业的服务化战略实施时,厘清运营层面的质量管理活动发挥的作用,对于控制服务化的实施效果和推进服务化深度十分重要。

1.2　基本概念与研究问题

  在愈发激烈的市场竞争中,服务型业务拓展有机会帮助企业赢得顾客并提高获利能力,但另一方面,服务化战略的实施效果会受到众多复杂因素的影响,其中新业务的开发与传递质量将直接关系顾客的感知和行为,影响服务化活动的成败。本书聚焦制造企业的服务化转型实践,围绕质量管理如何影响制造企业服务化的绩效实现这一核心问题展开研究,会关注以下基本概念:

(1) 制造企业服务化。

作为本书的基础背景，制造企业的服务化是指企业为了实现更大的顾客价值，为了获取更多利润空间，通过服务业务延长价值链，将其经营范围从传统的制造业务向服务型业务拓展，实现同时经营制造和服务业务甚至以服务业务为主的经营方式转变。在业务形式上，既包括围绕产品销售的附加服务，从而增强产品的使用价值，也包括弱化了产品属性或不发生所有权转移的纯服务形式，可以是与制造业务相关的服务，也可以是非相关服务。对于服务化的衡量，目前研究学者多采用根据服务业务的形式，服务与产品的比重关系等探讨服务化的类型和所处阶段。在转型过程中，服务化能为企业带来竞争优势，但同时多样化的商业模式和复杂的市场环境也使其实施过程面临诸多挑战，如何保证服务化的成功与绩效实现已成为研究热点，因此本书关注到了制造企业进行服务化转型与创新的过程，涉及组织文化的服务导向背景，企业在服务化创新上的能力，以及通过顾客满意情况、新客户吸引和销售增长等方面来体现的相应绩效结果。

(2) 质量管理实践。

对外部顾客，质量管理与服务化战略都强调以顾客为关注焦点，对企业内部，质量管理作为企业加强基础管理、形成竞争优势的保障，能够改善企业绩效，因此，当企业面临服务化挑战时，需要深入探讨质量管理对服务化绩效的影响。在质量管理相关的实证研究中，质量管理的概念大多以质量管理实践（quality management practices，QMP）的形式出现，Saraph et al.（1989）及 Flynn et al.（1995）等质量领域重要学者均认为，由于质量管理的概念层面较为抽象，而技术或方法层面又太过零散且更新较快，所以实证研究中一般选择较为具象又易于概括的实践层面对其进行衡量。具体的，质量管理实践（QMP）可以认为是企业为了提升自身质量，降低经营风险和成本而采取的一系列管理实践与措施的总称。在不同质量管理研究中，通常会根据具体的研究情形和需要，关注不同的质量管理实践相关要素，因此其内涵与外延随着质量管理领域相关研究的发展处于动态变化。关于质量管理实践的内涵和要素构成将在 2.3.1 节的文献综述部分进行详细讨论。本书所关注的质量管理实践内容主要会涉及管理基础层面的要素如高层管理、员工管理等，以及质量工作核心方面的要素如过程管理、持续改进等活动。此外，本书还关注到了服务化企业的质量管理实践结果（即服务质量）及其产生的绩效影响，制造企业如何测量其服务质量，从根本上影响着企业对顾客的理解以及服务创新能否继续成功推进。

围绕本书的核心问题，理解企业的质量管理对其服务化实施及相应绩效的影响，从质量管理实践各要素产生的影响，到质量结果即服务质量的绩效作用依次展开研究，在急需转型升级的市场背景下显得尤为重要。因此，研究涉及以下几个方面的具体问题：

为保障服务化取得积极绩效结果，质量管理实践活动是否以及怎样在其中发挥作用？企业在决定开展服务化转型后，将面对资源、组织、开发和运作过程等诸多方面的挑战，尤其是不合格的服务交付情况，甚至会给企业带来整体的负面作用。质量管理作为企业应对环境变化的主要措施之一，是企业战略目标实现的有力保障，那么对于以实现顾客价值为核心的服务化战略来说，关注顾客需求的质量管理是否也是保障其成功的有力措施？在企业运营实践层面，质量管理实践与服务化绩效实现的具体关系如何？不同质量管理实践要素又会通过怎样的方式帮助服务化获得积极的绩效反馈？这些都是本书关注服务化绩效的影响要素时的问题焦点。

针对制造企业的服务型业务，如何理解其质量含义以及相应的绩效影响？恰当的质量管理实践能够帮助企业的服务化过程取得相应绩效，达到满足顾客需求、提升顾客感知并吸引新用户的服务化发展主要目标，而实现这些目标的基础是获知并掌握顾客对企业质量表达的感知情况。制造企业在开拓服务业务时，如果不能恰当地获取顾客的感知偏好和服务质量反馈，会使服务传递过程和结果失控，带来负面绩效影响，此时应如何理解和评价与其产品有着不同属性和要求的服务质量？对于制造服务化业务，质量评价既不同于本身的产品质量，也不同于纯服务行业的质量定义，应从哪些维度形成合理的测量体系？都是企业在服务化背景下进行质量管理时必须要面对的问题。同时，作为服务化企业质量管理活动的结果之一，此服务质量最终带来怎样的绩效影响同样值得探讨。

为满足服务创新后的顾客期望，如何以服务顾客为导向，进行相应的服务质量改进以保障顾客相关绩效？顾客满意是服务化发展的主要目标，站在顾客角度，服务传递出的质量决定着企业的服务创新能否成功，也影响着未来绩效的表现。因此，除了理解服务质量的内涵与测度外，如何抓住质量关键点？如何有效控制服务质量，实现灵活、有效的改进？对于提高顾客对于服务质量的感知，最终获得顾客满意和相应绩效的提升具有十分重要的现实意义。

1.3 研究意义

无论是在国内还是国际的激烈市场竞争环境下，制造企业的服务化转型升级都有利于增强企业竞争力，通过差异化的服务可以提高顾客转换成本，维持较高的顾客忠诚度，最终扩大利润空间。党的十九大报告和《中国制造 2025》中，也都强调了创新、质量、制造业的转型升级等对制造强国目标的重要性，我国经济发展已进入重要的战略调整和转型时期。于是在市场压力和政策支持的助推下，制造企业纷纷准备或已经开始了不同程度的服务化转型实践。服务化转型最终会涉及企业经营模式的整体变化，因此在转型过程中会不断面临模式选择及实现、外部环境、内部资源、组织结构、管理能力等各种不同的挑战。随着产业实践的不断积累和概念研究的逐渐成熟，制造企业服务化的战略实施和管理实践问题也就成为学术界关注的热点。当企业经历转型升级的结构变化时，会面临更高的顾客期望和新业务带来的更多不确定性风险，此时研究追求顾客满意和过程稳定的质量管理活动对服务化战略实施效果的保障作用，具有十分重要的理论和实践意义：

在理论方面，当前是服务化和服务型制造相关领域学术研究的爆发时期，概念的成熟和大量企业实践为理论的发展提供了更深厚的基础。研究成果对服务型制造研究领域的理论贡献主要包括以下三个方面。首先，针对服务化创新从理念导向、创新能力到绩效结果的推进过程，既确认了制造企业的服务导向与服务创新能力，以及产生的顾客反应绩效之间的关系，也探讨了制造企业的质量管理实践中不同要素在服务化绩效实现过程中所产生的作用机理；一方面验证了服务创新的实现要点及其绩效结果，支持了前人研究的观点，另一方面从企业运营实践的层面关注了制造企业服务化过程的关键影响因素，证实了以顾客价值为导向、注重业务实现过程的质量管理实践对于企业服务化战略实现的重要意义，补充了现有关于服务化成功要素的研究。而后，针对服务化过程中质量管理的结果表现，即服务质量，进行了定义与测量，并进一步验证了制造企业的服务质量状况确实会影响绩效，补充了与制造企业充分理解顾客感知、控制服务业务质量情况，以及服务质量的绩效影响等相应讨论有关的基础性研究。最后，进一步涉及了服务转型后的服务质量控制与改进，完成了服务质量改进的案例研究，补充了制造企业为保证服务化创新效果而进行的服务质量管理相关领域的案例成果。

在实践价值方面，本书从企业服务化战略实施过程的角度出发，考虑企业在服务化转型时面临的运营挑战,从质量管理实践角度探讨了影响服务化实施及其绩效表现的实践要素,为进行服务化创新和转型的企业在运营过程中的资源配置和关注焦点的考虑提供一定的借鉴,同时在管理实践层面上的讨论也让服务化的实现过程和影响因素更为具象,有助于企业的实操参考,提高服务化转型效率。其次,对于服务创新过程中影响绩效结果的服务质量管理问题,本书所建立的服务质量评价体系虽以特定服务模式为例,但使用了通用性的测量量表建立方法,并且测量从顾客角度出发,有助于不同行业的企业建立各自有针对性的服务质量测量工具,而通过服务质量测量不仅能帮助企业控制服务质量,有侧重地进行改善,还能更好地理解顾客所需,为相关战略制定提供依据。再次,关注于一体化解决方案模式下的信息技术类服务的质量改进案例的引入,对企业服务质量控制实践具有借鉴意义,帮助企业理解灵活的服务质量改进过程,从顾客需求角度出发指导自身服务发展。

1.4 研究创新点

本书以制造企业的服务化绩效以及质量管理实践为研究对象,在企业及顾客公开数据和调研数据的基础上,针对制造企业服务化转型实践时的质量管理及绩效问题进行了系列研究。与现有研究成果相比,本书所涉及研究的创新之处包含:

(1) 以有效的服务化转型为出发点,验证了顾客为中心的制造企业服务化理念、创新以及顾客相关绩效之间的关系。

面对服务化不断深入的市场趋势,许多企业由于只注重形式上的创新或过于追求先进模式而产生了带来负面影响的"服务化悖论"现象,服务化转型面临着诸多挑战与失败风险。而对于服务化产生绩效影响的讨论,现有研究更多关注直接的服务创新活动或服务化转型表现对于企业绩效结果的影响,很少能从促进服务化创新实施的根源着手,并且对于绩效的关注多在经济方面,因此更多的是对悖论存在与否的认知研究,并不能得到相应的改善建议。同时,对于服务化创新影响要素的研究更多考虑企业内外部资源和所在环境特点,或其他支持性活动,往往忽略了服务化目标在于满足顾客需求,而顾客感知到的质量和满意程度是服务绩效的最直接反馈。因此本书从服务化转型是为了更好地满足顾客从而获取效益的角度出发,探究企业的服务化导向理念如何影响服务创新能力并产生相应的绩效变化,研究模型中引入了服务导向、服务创新与绩效的关系验证,并将顾客反馈与行为作为绩效指标,保证对绩效结果考量的针对性和时效性。首先，经过实证分析验证了服务导向的理念建立能够直接影响服务创新结果和最终的顾客相关绩效保障。而后，通过案例研究验证了制造企业在经理服务化转型时，以顾客为关注焦点进行服务质量的改进与控制，能够实现更好的结果，以及更高效的质量提升。补充了服务型制造运营关键的相关研究，也帮助企业在进行服务化转型时将关注点拉回到顾客本身，实现有效转型。

（2）从企业运营实践层面，发掘并验证了质量管理实践要素对制造企业服务化绩效实现过程的作用机制。

现有文献对于服务化绩效结果的影响要素研究多从组织特点和属性，以及外部资源与环境等方面进行考虑，较少从企业运营实践层面，探讨支持性管理活动对于服务化战略实施效果的影响。本书基于服务化的实施是通过服务导向氛围激发服务创新能力，进而满足顾客需求以提升绩效的主线，建立了质量管理实践不同要素在这一绩效实现路径上的影响关系模型。深入探讨了质量管理基础实践和核心实践在服务化绩效实现过程中的不同影响。通过实证研究验证了质量管理基础实践在企业内部的服务导向及服务化创新能力的基础层面发挥推动作用，其中的领导支持对企业整体的服务导向直接产生积极作用，员工管理与顾客关系管理对服务导向到创新能力的实现起到了中介作用；也验证了质量管理核心实践在企业面对外部顾客获取服务化绩效的实现层面发挥的作用，发现服务过程管理和质量控制对服务创新能力的最终绩效取得起到调节作用。本书补充了服务化成功要素的学术研究，并帮助企业形成了从服务形成之初就关注质量表达，最后通过良好的顾客感知来实现绩效保障的运营理念，在管理实践层面关注服务化过程与效果。

（3）从顾客感知与行为角度，针对制造企业作为服务提供商，构建了不同于传统服务行业的服务质量测量量表。

当服务成为制造企业重要的业务组成部分时，服务质量表现以及能否准确认知服务质量影响着服务化转型活动的最终绩效。已有文献中，对于服务质量测量的研究已形成了较成熟的研究基础，尤其是在传统服务和纯服务行业已积累了大量探讨。随着信息技术的发展，很多新兴服务形式也得到了极大关注，不同服务领域的质量测量研究百花争鸣，但现有文献关注服务化转型的制造商所提供的服务质量的却很少。因此，本书针对服务质量这一服务型制造企业重要的质量管理目标及结果表现，进行了质量评价研究，从顾客感知角度出发，借助定性与定量结合的实证研究方法，开发出了具有领域针对性的服务质量测量量表，得到包含六个维度的特有服务质量概念，与传统服务行业不同，制造企业的服务质量表达了顾客对产品/系统性能、服务内容以及员工等各相关方面形成的统一感知。同时通过建立服务质量与满意度绩效影响的关系模型,从消费者视角验证了服务质量对于制造企业的绩效同样具有显著影响。借助制造业与服务业融合的基础,一方面充实了服务质量评价领域研究所涉及的行业,另一方面将制造企业质量控制的关注点移向无形服务,丰富产品质量内涵研究的同时,帮助企业了解顾客感知和业务状况,优化并保障服务创新和转型结果。

2 相关文献综述

本章将围绕绪论中提出的研究问题对所涉及的理论背景和相关研究进行梳理，回顾研究对象的内涵与外延，同时，鉴于质量管理与服务化绩效关系的直接研究成果甚少，本章将对两者的因果影响分别进行梳理，以搭建桥梁，为后文研究积累理论基础。因此，具体将从以下几个方面展开对现有研究的综述：一是关于服务型制造或制造企业服务化的含义与发展，充分了解其内涵、商业模式的研究概况；二是关于制造企业服务化成功的影响因素以及服务化产生的绩效作用，对现有文献在服务化及其绩效等因果关系方面的相关观点进行梳理，总结研究要点；三是与涉及的质量管理实践有关研究的整理，理清质量管理实践内涵，并解读它与企业绩效和企业创新的关系，为后文搭建理论基础；四是对服务质量定义与测量的研究进行综述，对研究范式和方法进行梳理，为后文的研究提供参照和理论依据。

2.1 制造企业服务化内涵与商业模式

随着市场竞争的愈发激烈，消费者需求的不断变化与增长，服务化与服务型制造的概念成为国内外关于企业战略和运营管理领域的一大热点。经济全球化带来的竞争压力也使得产品与服务的整合成为企业的发展趋势[11,12]。在服务化概念提出的三十余年间，学术界的关注度日渐提升。随着市场环境的不断变化，以及商业实践的不断发展，关于服务型制造相关话题的研究热度持续增加。因此，管理实践在这方面的发展状况也更加值得关注。本节主要就制造企业服务化的定义、发展及主要商业模式进行介绍，探讨研究的理论基础。

2.1.1 服务化的起源与内涵

制造服务化的概念最早来源于 Vandermerwe 和 Rada 1988 年[1]的研究，将其命名为"服务化"（servitization），是指制造企业提供完整的打包业务或以顾客为中心的产品、服务、支持、自服务和知识的组合的发展趋势。这种企业行为可以看作是一种开放式服务创新（open service innovation），是通过实现从产品到产品服务系统的转变来开发组织的创新能力，从而更好地满足客户需求并逃避商品化陷阱（Chesbrough，2011）[13]。servitization 一词及其商业意义提出后，逐渐得到学术界及产业界的广泛关注，从欧洲推向全球，特别是在 Baines 等（2007，2009）两篇综述性文章的发表后[14,15]，"servitization"一词得到广泛普及，此后服务型制造、制造业服务化、产品服务系统等相关研究数量飞速增长。各国学者也都纷纷展开理论研究，给出各自的见解，大量相关概念迅速产生，如产品服务系统（product-service system）[11,12,16]、服务主导逻辑（servic-dominant logic）[17]、功能性销售（functional sales）[18]、服务导向制造（service-oriented manufacturing）[19,20]等，具体概念及定义见表 2—1。

表 2—1 服务型制造概念及定义

概念	定义	文献
服务化（servitization）	制造企业提供完整的打包业务或以顾客为中心的产品、服务、支持、自服务和知识的组合的发展趋势	Vandermerwe & Rada（1988）[1]
产品服务系统（product-service system）	产品、服务、支持网络和基础设施组成的系统，旨在提高竞争力，满足客户需求并且比传统商业模式对环境的影响更小	Mont（2002）[16]、Tukker（2004）[12]
服务主导逻辑（servic-dominant logic）	服务是通过与客户交互实现的，而购买和使用的产品是提供服务的载体	Vargo & Lusch（2004）[17]、Ford（2011）[26]
整体解决方案（integrated solution）	一系列物理产品、服务和信息的无缝组合，以提供比单独部件更多的价值，满足客户与业务系统中特定功能或任务相关的需求，是一种长期的形式，将服务提供商作为客户业务系统的组成部分，旨在优化客户的总成本	Davies（2004）[27]、Windahl & Lakemond（2010）[28]
功能性销售（functional sales）	在功能性销售中，由提供功能服务的公司决定怎样实现客户所购买的功能	Sundin & Bras（2005）[18]
服务导向的制造（service-oriented manufacturing）	在基于服务的制造网络中，每个企业都专注于核心业务，外包非核心业务（购买制造服务），并为彼此提供生产者服务（销售制造服务），以实现快速创新并提高效率。通过服务和制造的整合，物理产品服务化或与服务集成以形成产品服务系统	Tao et al.（2011）[19]、Giret et al.（2016）[20]

这些概念虽然在不同市场背景或研究中有所差别，但具体含义基本一致，都强调制造企业从关注产品本身转变到关注产品使用、顾客需求，通过服务的形式为顾客传递更多价值，向出售产品服务的整合业务以及一体化解决方案发展。因此在服务型制造概念下，企业开始转变商业模式，关注全生命周期的服务[21,22]。增加日常或全生命周期的服务，可以强化产品可用性，保证产品更新和创新的效率[18]。最终，建立真正的生命周期观念，以及提供产品和服务解决方案，能够延长产品寿命，同时为能源和其他资源消耗的优化提供了动力[12]。为了寻求市场优势，制造企业的服务化转型将成为必然趋势，一是因为顾客消费行为的转变，使得传统的对于产品功能的追求转变为个性化消费体验和心理满足的追求，即顾客对于服务价值实现的重视；二是市场中企业间合作和服务关系的加深，由单个核心企业的传统生产活动逐步转变为企业间密切交互与合作，充分配置资源形成动态的企业服务网络，因此，企业模式需要转变以适应新的市场需求[23]。提供整合的产品和服务解决方案，不仅能提高自身的资源使用效率和市场竞争力，对于经济、社会和环境效益也具有潜在影响和重要意义[24,25]。

2.1.2 制造企业服务化商业模式及其分类

制造企业服务化是在先进制造基础上产生的新的商业模式，借助经济全球化的发展与信息技术的不断更新，企业可以在全球范围内整合制造及服务业务的各类资源，企业进入新领域（如服务领域）的壁垒不断降低，加之顾客需求和价值观的不断变化，促使制造企业向服务转型。也就是说，这种制造服务化模式的产生源于顾客需求和供给条件两个层面的变化，而这一模式下关注顾客价值，可以借助分散化的资源集成引导顾客参与到产品服务系统的生产过程中，实现企业从单一的物理产品或单纯的服务向内涵丰富的产品服务系统的转变，从产品或服务提供商向整合解决方案提供商转变，因而实现了企业业务内容的扩充和价值链的延伸，提高了效益空间[29]。孙林岩（2009）[2]曾就此提出服务型制造商业模式的特征：一是通过分散资源的集成以及顾客主动参与生产过程，使顾客和企业实现双赢；二是从表现形式上属于企业间的生产过程服务协作，以及制造与服务企业交叉融合，最终为顾客提供效用；三是从业务模式上是制造企业向服务领域的延伸和转型，或服务企业向制造领域的渗透；四是交易模式上通过提供全生命周期的服务实现制造企业传统的一次性交易模式向多次、重复交易过程转变，增长了获利周期；五是定价模式是基于产品服务系统的全生命周期考虑，而非一次性交易模式下的简单定价。

对于服务化模式的实施，无论是 B2B 还是 B2C 环境下，其核心的表现形式都是产品服务系统（PSS）的实现和开展。不同企业也需要根据行业环境、企业资源及顾客需求形成不同的业务细节，因此在管理实践中，会存在不同的细分模式。Stahel（1994）[30]，Roy（2000）[31]等学者对可持续产品服务系统的模式进行了划分，根据减少材料和能源耗费的可持续性目的将产品服务系统分为结果服务（result services）、分享功效服务（shared utilisation services）、产品生命周期延伸服务（product-life extension services）和需求侧管理服务（demand side management）四种模式。Manzini 和 Vezzoli（2003）[32]通过分析产品服务系统的可持续性、环境友好及创新性等特性，使用案例研究将其归纳为三个类别：产品生命周期增值型（services providing value added to product life cycle）、提供结果型（services providing final results to customer）和平台使用型（services providing enabling platforms to customer）。此后，经过大量的文献积累，Reim 等（2015）[33]通过综述研究发现，大多关于服务化商业模式的研究都采用了 Tukker（2004）[12]的分类方式，即产品导向型（product-oriented）、使用导向型（use-oriented）和结果导向型（result-oriented）三个类别，这一分类方式也是多篇综述性文章中承认的被普遍接受的观点[14,34]。这一分类方式是按照服务于产品在系统中的比重进行划分，服务的重要性在三种商业模式间依次递增，在三种抽象的分类标签下，Tukker 列举出了具体的服务形式共八种，即产品导向型中包含的产品相关型（product related）和建议与咨询（advice and consultancy），使用导向型下涉及的产品租赁（product lease）、产品出借和共享（product renting or sharing）以及产品共用（product pooling），还有结果导向型类别下的活动管理及外包（activity management/outsourcing）、按服务单位付费方式（pay per service unit）和提供功能性结果（functional result）[12]。

2.2 制造企业服务化的绩效影响

绩效是衡量企业经营与战略实施是否成功的关键指标之一，制造企业进行服务化转型、实现服务型制造的根本目的在于提高企业竞争力，获得市场成功。因此服务化概念形成之初，就伴随着大量对与其产生的绩效影响的讨论，无论从定性分析还是实证研究上，多数研究都肯定了服务化对企业绩效的积极贡献。现有文献对于服务化战略实施的绩效影响主要涉及财务绩效和非财务绩效两个方面的讨论。

2.2.1 对企业财务绩效的影响

随着服务型制造概念与实践的不断发展,服务化转型活动与企业绩效间的关系逐渐出现了不同角度的辩证讨论,主要可总结为三个层面。第一种是占主流的积极作用观点,例如 Homburg 等(2002)[35]从企业服务导向角度研究发现,服务化战略无论是对财务绩效还是非财务绩效都有积极影响;Antioco 等(2008)[36]指出制造企业的服务化对企业收入有正向影响;陈洁雄(2010)[37]通过对美国企业的研究证明服务化行为对经营绩效具有明显的正向促进作用;李海涛等(2013)[38]认为制造企业的服务增强活动与销售利润和投资回报率具有显著的正相关关系;Lindahl 等(2014)[39]通过案例研究总结得到实施整合的产品服务系统能够为企业带来经济效益的增长。第二种是从服务化战略实施过程中出现的负面结果角度提出的服务化悖论观点,Mathieu(2001)[40]提出了制造企业在服务化过程中面临的两种新成本——竞争成本和内部政治成本,因此服务化活动并不总是为企业绩效带来正面效果。Gebauer 等(2005)[41]正式提出制造企所要业面对的服务化悖论概念,认为制造商通过整合服务来增加企业效益的难度远远超出预期,因为服务化活动会使经营成本和管理复杂程度大幅提升。Visnjic 等(2012)[6]将服务化悖论命名为 "servitization paradox",并通过实证研究表明服务型制造会为企业带来市场价值的提升,但由于投资的增加往往会导致企业利润下滑,若企业关于服务化产品和服务范围的选择出现问题,往往会出现利润和市场价值损失的情况。Benedettini 等人(2015)[42]通过对服务化与未进行服务化两类破产企业的对比研究提出了服务化活动会造成的内部与外部环境风险。制造企业服务的增加不一定带来绩效提升反而有可能产生破产风险,而不同类型的服务伴随的风险情况也有差异。第三种是认可服务化战略的积极作用,但认为其并非简单线性影响的复杂关系观点。Fang 等(2008)[43]认为制造企业的服务收入占比与企业价值存在 U 形关系,并通过实证研究得到,在服务业务的收入占比到达 20%~30%时,市场价值会出现明显增长。陈洁雄(2010)[37]发现中国企业不同于美国企业,服务化活动与企业经济指标呈现"倒 U 型"关系。Li 等(2015)[44]通过实证分析验证了这一关系,在对浙江省上市公司进行服务型制造实施研究时发现了制造企业服务种类与净资产收益的"倒 U 型"关系。Katalli 和 Looy(2013)[45]通过案例分析甚至提出了服务化战略与企业利润间复杂的"马鞍型"关系,认为只关注市场份额和利润而实施服务化的企业短期内经济效益会有提高，但仍会陷入服务化悖论状态。

通过学术界对财务绩效影响方面不同观点的广泛积累，大部分学者和研究肯定了服务型制造带来的绩效提升作用，但具体的影响关系和不同阶段的差异引导学者开始对导致不同影响结果的因素和其他相关变量增加关注。Fang 等（2008）[43]通过实证研究指出制造企业的服务化转型的财务结果与企业和所在行业的特质有关。Antioco 等（2008）[36]也讨论了在服务型制造实践与企业绩效的关系之中，组织要素起到一定的调节作用。Gebauer 等（2010）[46]通过实证研究验证了企业文化中的服务导向对财务绩效的正向影响，而企业的组织结构（产品与服务分离型、产品服务整合型）对这一影响起到调节作用。Kohtamaki 等人（2013）[27]认为在服务化战略实施和企业财务绩效间，组织能力对两者的关系起到调节作用。Eggert 等（2014）[47]通过对不同服务化战略的研究，证明服务化战略的实施确实对企业绩效有条件性的正向作用，研究将服务化战略分为针对顾客的服务（services supporting the clients' actions，SSC）和针对产品的服务（services supporting the supplier's product，SSP），SSC对企业绩效具有直接的正向影响，SSP 则间接影响绩效，且 SSP 的影响更为复杂，对利润在最初会因为成本的增加造成负向影响，而对利润增长和收入都保持正向影响，此外研究还证明了服务化战略对财务绩效的影响受到分权化决策过程、忠诚客户比例的调节。胡查平等人（2014）[48]通过研究提出组织的战略一致性和社会技术能力会调节服务化活动对绩效的影响。Sousa 和 da Silveira（2017）[49]以服务化悖论为基础，对不同服务化程度下的影响进行实证研究，通过企业制造和服务能力划分不同的服务化程度，并验证了对财务绩效的影响会因服务化程度的不同而变化，基础服务（basic services）不会对财务绩效产生影响，但会支持高级服务（advanced services）的开展，高级服务对财务绩效影响积极。现有的研究对于影响服务化与绩效关系的因素探讨更多关注于企业的组织结构、资源配置和服务化形式的选择等企业特质上，这些方面也是近年来关于服务化转型结果的影响研究所侧重的角度和复杂关系探索的初始理论积累。

2.2.2 对企业非财务绩效的影响

前文的综述内容提到服务型制造带来的积极结果不止于经济效益及盈利能力方面，还关系到企业竞争力、各利益相关方以及社会、环境等诸多方面的非财务效益。对于企业自身而言,服务化战略实施能够促进企业创新、提高产品绩效、获知并满足顾客需求等,从而提高市场竞争力,而这些非财务方面绩效的提升,也是更优财务绩效的一部分重要内因[50,51]。

在对企业的创新绩效方面,蔺雷和吴贵生(2007)[52]通过结构方程模型分析研究了服务增强的差异化机制,确认制造企业的服务化增强会产生服务差异化效应,而服务差异化创新能有效增强企业竞争力,进而正向影响企业绩效。Wang等人(2016)[53]通过企业数据的实证研究证明对于制造企业,服务化的顾客导向可以增强其服务创新及产品创新。蒋楠等(2016)[54]的实证研究认为,制造企业的服务提供对知识共创有显著正向影响,进而显著影响服务创新绩效。徐建中和付静雯(2018)[55]通过实证研究验证了制造企业的服务化转型时的顾客导向能够影响企业服务创新,对服务创新绩效有显著正向相关。

对企业产品绩效的影响上,蔺雷和吴贵生(2009)[56]认为制造企业的服务增强具有明显的质量弥补作用,并基于资源配置视角通过实证数据分析得到了服务增强与产品质量弥补间的显著正向关系。Guajardo(2016)[10]建立了经济模型来分析服务特性对美国汽车产业中顾客需求的影响,基于美国企业的实证研究表明,售后服务能够为产品质量提供补偿作用,且当产品质量降低时,企业可以通过提高售后服务质量或质保时长获得更大的产品质量弥补效果,提升产品绩效。Sabbagh等人(2017)[57]针对制造企业提供的质保服务,应用实证方法验证了质保服务对于产品质量和顾客满意度之间关系的调节作用,提供了服务改善产品绩效的佐证。

在与顾客相关的绩效方面,如顾客满意度、忠诚度、购买行为等,Mathieu(2001)[40]认为顾客在进行购买决策时,企业所提供的核心产品是否包含所需服务,或企业是否以提供服务的理念销售产品,成为重要的决定因素。Cohen等(2006)[58]指出售后市场对企业而言意义重大,售后服务可以影响顾客的感知与购买行为,从而为企业获取更多直接和潜在的经济效益。Raja等(2013)[59]通过研究发现了顾客价值感知与其产品和服务使用情况的关系,提出整合的产品和服务提供能够促进顾客满意度增加。Cao等(2016)[51]认为服务导向的制造能够影响顾客满意度与行为,因此可以通过企业服务导向及顾客满意度情况预测顾客需求。Pan和Nguyen(2015)[60]的实证研究中认为制造企业的产品服务整合与创新,能够影响顾客关系的维持、顾客满意度及忠诚度,最终影响财务绩效。

服务型制造模式对企业各方面能力或表现的影响最终都将体现在市场竞争力的增强上。Gebauer等人(2011)[61]通过调研与实证分析顾客为中心、创新能力、服务差异化及企业绩效间的关系，从而证明了制造企业的服务差异化能够带来的竞争优势。Bustinza（2015）[62]等指出从销售产品到经营整合的产品和服务的转变会带来企业竞争力的提升，并通过对大量企业高层管理人员的调查证明了这一观点。而企业市场竞争力的增强也是带来财务绩效增长的重要因素。

通过本节的文献梳理可以明确合理、受控的服务化转型活动能够成功带来企业绩效提升，而相应的对于制造企业服务化过程影响因素的研究仍在逐渐发展中，虽然服务型制造相关领域的量化研究很多还处于开拓与探索阶段，但理论基础的逐渐丰富为后续更加细分的研究提供了很大支持。对于服务化影响因素的研究涉及了组织结构特点、外部环境特点、企业支持性技术以及顾客角色等众多方面，近年来在企业运作层面的影响要素研究开始出现，尝试从新兴技术的支持和顾客的管理角度进行讨论，但较少涉及企业的基础性管理体系，仍需探讨具体的支持性运营实践对服务化战略带来的影响。

2.3 质量管理实践及其绩效影响

质量管理经过广泛的学术研究已被证明是一种系统的、能够影响企业绩效的运营实践，质量作为产品/服务属性之一，已从市场竞争中的非价格因素逐渐转化为企业在进行战略决策时的重要参考因素。本节以质量管理为基础，首先回顾了质量管理实践的内涵与内容构成；而后，对质量管理实践与企业绩效的关系研究相关成果进行梳理和归纳，从而了解理论基础和研究现状，为后续的研究丰富了依据。

2.3.1 质量管理实践的内涵与构成要素

质量管理是指为了实现质量目标而进行的所有管理性质的活动，在整个业务流程中，确保在内部和外部的每个阶段满足顾客要求[63]。在质量管理相关的实证研究中，质量管理的概念大多以质量管理实践（quality management practices）的形式出现，因为质量管理的概念层面较为抽象，而技术或方法层面又太过零散且更新较快，所以实证研究中一般选择较为具象又易于概括的实践层面对其进行衡量[64]。因此，本书提及的质量管理实践也就是企业为了改善质量、降低成本并提高生产率所采取的各种管理措施和计划，最终目的在于提高企业整体绩效，增强企业竞争力。

在质量管理理论的早期研究中，质量管理先驱如 Crosby（1979）[65]、Juran（1981）[66,67]、Deming（1986）[68]、Garvin（1987）[69]等根据自身经验与实践进行研究，对于质量管理的实施关键给出了各自的观点。虽然在具体内容和表达方式上略有不同，但都涉及对于质量管理活动至关重要的环节，包括领导的支持、质量部门的角色、员工关系、质量培训、供应商管理、产品/服务设计、过程管理、质量数据与报告等。在此基础上，Saraph et al.（1989）[70]根据这些理论提出了质量管理实践的概念，构建了八个关键要素的测量模型并进行了实证检验，为后续研究进一步构建了理论基础。而后，Ahire（1996）[71]、Dow et al.（1999）[72]、Kaynak（2003）[73]等众多学者开始关注质量管理的测量，对质量管理实践的要素构成进行了探讨，基于不同的数据和研究环境对之前的维度进行了细微的调整、精炼或扩充。具体见表2-2。

表2-2 部分研究中的质量管理实践构成要素

文章第一作者	行业	高层领导	员工管理	培训	顾客关系	供应商管理	产品/服务设计	过程管理	质量信息和分析	战略计划	标杆	持续改进	质量文化
Saraph (1989)[70]	制造业和服务业	✓	✓	✓		✓		✓	✓				
Adam (1994)[82]	制造业		✓		✓		✓	✓					
Flynn (1995)[83]	制造业	✓	✓		✓			✓	✓				
Ahire (1996)[71]	制造业	✓	✓	✓	✓						✓	✓	
Hendricks (1997)[75]	制造业	✓	✓	✓								✓	
Dow (1999)[72]	制造业				✓	✓					✓		
Samson (1999)[76]	制造业	✓	✓		✓			✓	✓				
Ho (2001)[84]	电子制造		✓	✓	✓				✓				
Kaynak (2003)[73]	制造业和服务业	✓											
Lau (2004)[77]	制造业	✓	✓		✓			✓	✓	✓			
Fuentes-Fuentes (2004)[85]	制造业和服务业			✓	✓							✓	

续表2-2

文章第一作者	行业	高层领导	员工管理	培训	顾客关系	供应商管理	产品/服务设计	过程管理	质量信息和分析	战略计划	标杆	持续改进	质量文化
Tarí (2007)[86]	制造业和服务业	✓	✓	✓	✓	✓		✓		✓		✓	
Zu (2009)[87]	制造业	✓	✓		✓	✓	✓	✓	✓				
Phan (2011)[88]	制造业	✓		✓				✓		✓			
Sánchez Rodríguez (2011)[89]	制造业		✓		✓								
Wang (2012)[90]	酒店服务	✓	✓	✓				✓				✓	
Aziz (2012)[91]	银行服务						✓				✓	✓	
Talib (2013)[92]	服务业	✓	✓	✓	✓	✓		✓				✓	✓
Lee (2014)[93]	保险服务				✓			✓					
Al-Ettayyem (2015)[94]	银行服务	✓		✓	✓							✓	
Basu (2016)[95]	IT服务	✓	✓		✓		✓		✓	✓			
Xiong (2017)[96]	医疗服务	✓	✓	✓	✓		✓	✓					✓
频数统计		15	17	12	19	12	9	17	11	6	4	10	3

随着全面质量管理（total quality management，TQM）概念及理论的兴起，以及世界范围内质量奖的盛行，市场对于质量愈发重视，助推了学术界在质量管理领域的研究关注。新兴的质量管理理论与质量奖标准，为质量管理实践的内涵界定和构成范围注入了新鲜血液[74]。例如，Hendricks & Singhal (1997)[75]，Samson & Terziovski (1999)[76]基于TQM的框架对质量管理实践进行了维度划分和测度。Wilson & Collier (2000)，Lee et al. (2003)，Lau et al. (2004)[77-79]等人的研究使用了美国波多里奇奖（Malcolm Baldrige National Quality Award，MBNQA）的评价模型来代表质量管理实践各类要素。Eskildsen et al. (2000)[80]和Calvo-mora et al. (2005)[81]等人则借鉴了欧洲质量奖（European Foundation for Quality Management，EFQM）的规则用以

测量质量管理实践，进行实证研究。而 Nair（2006）[7]结合了 MBNQA 和 EFQM 的标准来形成质量管理的度量。

2.3.2 质量管理实践与组织绩效

一个世纪以来质量管理相关实践和研究的不断发展，使质量管理实践对于企业经营的重要性得到了广泛认可。相应的，质量管理与企业绩效的关系成质量管理领域一直在探讨的重要研究内容，而从整体上来看，质量管理实践与企业绩效之间被证明存在较为显著的正向影响关系[64]。但也存在对于某些具体绩效关系并不显著甚至有负向作用的分歧[97-99]。因此，对于质量管理实践的绩效影响研究逐渐更关注于探讨具体的影响路径和影响机制，以及不同环境下对不同绩效项产生的作用。在质量管理实践影响企业各项绩效的路径研究中，最经典的观点是 Gavin（1984）[100]提出的制造和市场两路径的模型：在制造路径上，质量管理实践通过更少的缺陷、废料和返工提高内部过程质量，从而改善运作绩效，即更低的制造成本和更可靠的生产过程，最终赢得制造方面的订单优势来影响财务绩效；在市场路径上，质量管理实践通过改善最终产品质量来提高销售额并增加市场份额，使企业产品具有更低的弹性需求和更高的销售价格，同时减少质量担保和产品实效方面的成本，从而提高市场和财务绩效。该研究证明了质量管理实践是通过影响质量绩效和运作绩效进而间接影响企业的经营绩效。后续的研究很多都基于 Gavin 的这一思想框架，在不同研究中依据自身背景会涉及不同的绩效定义以及绩效内容。

（1）质量管理实践对组织绩效的影响。

学术界已经积累了大量关于质量管理实践能够为企业绩效带来不同方面、不同程度正向影响的研究。Dow et al.（1999）[72]研究了质量管理实践，尤其是员工承诺、共享愿景和顾客导向对质量绩效的积极影响。Maiga & Jacobs（2005）[101]的实证研究发现在质量控制系统与财务绩效、顾客满意之间的正向影响关系中，质量绩效起到了中介作用。Arawati（2005）[102]通过对马拉西亚电子行业的分析、Parvadardini（2016）[103]对印度制造企业的研究等都验证了质量管理实践对于质量绩效，进而对企业绩效具有显著正向影响。宋永涛和苏秦（2011）[104]结合结构方程模型和贝叶斯网络的方法，再一次明确了质量管理实践、质量绩效以及企业绩效间的显著正向影响关系。Kaynak（2003）[73]结合美国制造业与服务业的数据分析，验证了质量管理实践通过运营绩效间接影响企业的财务绩效和市场绩效，而不同实践维度会对不同运营绩效内容产生对应影响（如质量绩效、库存绩效）。Pinho（2008）[105]针对中小企业进行研究后得到类似结论，质量保证系统与管理实践能够对企业的财务绩效与非财务绩效均带来正向影响。李钊等人（2008）[106]通过对制造业与服务业的调研数据进行实证研究，证实质量管理实践不会直接改善企业绩效，而是通过影响质量绩效和创新绩效间接为企业整体绩效带来积极影响。Phan（2011）[88]对日本制造企业的研究表明，质量管理实践对企业的竞争绩效正向作用显著。Rahman & Bullock（2005）[107]对澳大利亚制造业进行研究后得出，质量管理实践可分为软性实践与硬性实践，两者都对企业绩效有明显影响，另外，软性实践还会通过硬性实践对影响间接作用于企业绩效。类似的，奉小斌和陈丽琼（2016）[108]从质量管理基础实践与核心实践的角度验证了两类实践能够直接影响企业绩效，同时，两者的协同作用可以正向影响企业绩效，而其协同项却负向影响绩效结果。

随着近年来市场对于服务业的愈发重视，更多研究开始专门针对服务业进行质量管理实践与企业绩效关系的探讨。Wang et al.（2012）[90]验证了质量管理实践能够积极影响酒店业的顾客绩效和财务绩效。Talib et al.（2013）[92]对印度服务企业的调研数据进行分析，认为企业质量管理实践中文化相关的因素对质量绩效影响最为显著。Al-Ettayyem et al.（2015）[94]对银行业的数据进行回归分析发现，质量管理实践对于银行的财务绩效和非财务绩效都有显著正向作用。Basu et al.（2016）[95]针对中小企业基于信息技术的服务进行研究，得到服务质量管理实践的不同维度会对企业的质量绩效和运营绩效产生直接或间接的正向影响。Xiong et al.（2017）[96]对医院的质量管理活动进行了研究，发现质量管理实践，尤其是员工关系和过程管理，会显著影响医院绩效，包括与医疗过程直接相关的绩效和医疗无关的绩效如满意度、财务绩效等。除了这些例证，近年来与服务业质量管理实践相关的研究还广泛涉及保险业、零售业、旅游业等各个服务领域，多数研究都证实了其对企业不同绩效的积极影响[93,109,110]。

（2）质量管理实践与创新绩效的关系。

市场环境的不断复杂和顾客需求的不断变化，使创新逐渐成为企业在获取竞争优势时的策略焦点。质量与创新都是组织取得成功必不可少的因素，因而这两者之间的关系以及他们与组织绩效间的关系也被越来越多的研究所关注。但这两者不同的特性也使质量管理与创新绩效间关系的研究结论出现了分歧。Abrunhosa & Sá（2008）[111]在研究中也指出，质量管理活动与创新的关系十分复杂，即便是相同经济环境下，不同研究得到的结论也会不尽相同，质量管理与创新的影响也取决于二者涉及的组成要素。有些学者认为质量管理实践的标准化、渐进式改进特点会阻碍创新，当然更有相当数量的研究证实质量管理实践与创新绩效呈现正相关关系。接下来就从正负两个方面梳理现有典型研究。

在质量管理理论发展早期，Juran（1988）[112]就认为，质量管理中以顾客为中心的原则激励着企业不断获取顾客新的需求与期望，从而引导企业进行持续的产品创新来响应、满足顾客不断变化的需求。Prajogo（2003）[113]研究认为，质量管理实践不仅对企业的产品质量，对产品创新也存在显著影响，同样，企业的质量绩效也对创新绩效具有显著正向作用；Martínez-Costa（2008）[114]的实证研究已支持了全面质量管理对组织创新绩效的显著积极影响。Satish & Srinivasan（2010）[115]的实证研究表明，质量管理实践与产品创新、过程创新、系统创新及管理创新等各类型创新绩效间都存在不容忽视的正向关系。李全喜等人（2011）[116]研究了质量管理、组织创新和组织绩效之间的影响机制，得到质量管理能够直接影响组织的技术创新，再间接影响其管理创新，而整体的组织创新则是中介于质量管理与组织绩效关系间的变量的结论。Kim et al.（2012）[117]同样将创新分为突破性、渐进性、产品创新、过程创新、管理创新等多种类别，并验证了质量管理实践对所有创新类别都存在显著的正向影响。姜鹏等人（2013）[64]基于质量管理和创新绩效间关系的不同结论，对这一关系的内在逻辑联系进行了搭建和检验，研究显示企业的质量管理实践将通过知识转移的作用间接对创新绩效产生积极影响，质量管理实践与创新活动相协调，最终正向影响企业经营绩效。Khan & Naeem（2016）[118]按照硬性质量管理实践和软性实践等分类研究了质量管理与服务创新，以及组织绩效的关系，结果表明，硬性实践中介于软性质量管理实践与服务创新间的正向关系，同时，质量管理实践通过影响服务创新间接对组织绩效产生积极作用。将质量管理实践划分为有机实践和核心实践后，Prajogo & Sohal（2004）[119]研究了不同质量管理实践对产品创新的影响差异，结果显示，有机质量实践包括领导承诺、人员管理以及顾客关注对创新有正向作用；核心实践如战略规划、质量信息及分析只对质量绩效有显著作用，而不会对创新产生明显影响。相似的，Feng（2006）[120]、Abrunhosa & Sá（2008）[111]、Perdomo-Ortiz et al.（2009）[121]等研究也认为并非所有质量实践都有利于创新，有机实践与创新普遍存在正向相关，而其他质量管理实践对创新影响不大。此后，Ooi et al.（2012）[122]通过实证研究得到，质量管理实践对创新绩效的正向影响关系，主要集中在流程管理、战略规划、人员管理和顾客关注的实践内容上。Long et al. (2015)[123]也对各维度质量管理实践与产品创新和过程创新等关系进行了研究，证明了质量管理对创新绩效等积极影响，同时指出人员管理、流程管理和顾客关注是产生影响最大的三项实践。

与上述观点相对应，仍然存在一些研究涉及了质量管理实践对组织创新会产生一定负向影响的结论。Benner & Tushman（2003）[124]认为顾客关注会导致企业趋向渐进式改进而影响了根本性创新，而持续性改进对于过程可控和稳定性的追求会使过程僵化，阻碍创新活动。Singh & Smith（2004）[125]的实证研究也未证实质量管理实践与创新间存在显著的正向作用，因而认为质量管理与组织创新间的关系不能简单描述。Hoang et al.（2006）[126]在研究中验证了一部分质量管理实践能够对创新绩效产生积极影响，但仍有一部分实践如培训等与创新程度间存在负向关系。Pinho（2008）[105]针对中小企业的研究则显示质量管理实践对企业创新绩效的影响并不显著。对于这种负向关系的机理，Prajogo & Sohal（2001）[127]的总结可以较好概括这一观点下主要的研究关注点，一是质量管理的渐进式方式会因为避免突破式创新行为而影响组织创新活动；二是质量管理对于标准和规则的坚持与依赖会阻碍创新性思维的形成；三是质量管理实践使组织陷入单环学习从而影响突破性创新。

通过文献总结，质量管理实践对于组织创新及其相应绩效的讨论是存在结论争议的。尤其在研究早期，很多学者提出了质量管理实践对创新影响的质疑，也许受限于发展阶段和市场环境，这两项运营要素间存在一定的矛盾性。随着时间的积累和市场实践的不断发展，多数研究表明质量管理实践与组织创新间是存在显著正向关系的。但这种关系在不同市场背景下，或者不同研究角度下，会表现出一系列差异，因而并非所有质量管理实践在任何时候都能产生积极效应，而员工管理、顾客关注等为代表的基础性质量管理实践更容易对创新起到正向作用。另一方面，制造企业的服务化发展也是组织经营层面的一种创新，但仍未有研究从此角度明确质量管理对这类转型创新及其绩效产生的影响进行探讨，质量管理在服务化过程中产生的作用有待进一步挖掘。

2.4 服务质量内涵与质量评价

随着经济的不断发展，服务业务与服务营销的概念及相关研究受到越来越多的重视，然而服务因其不同于实物产品的无形性、不可分离性、异质性以及易逝性等特点，使得对服务质量的定义及其管理的不确定性更为显著。本节将从服务质量的内涵与发展、服务质量的测量，以及服务质量改进三个方面进行文献梳理，为后文的服务质量测量研究提供理论基础。

2.4.1 服务质量的内涵与发展

服务相较于产品来说，是更为抽象及复杂的概念，对其定义的最早探讨，可追溯至亚当·斯密 1776 年在《国富论》中提到的"非生产性劳动"，他尝试将服务与产品加以区分，并认为是"无助于交易量增加的非常产性服务"。而对服务真正深入探索并引起广泛关注从 20 世纪后期才逐渐开始。1977 年由 Hill 提出的定义被此后的学者广泛接受，认为服务是指人或隶属于一定经济单位的物在事先合意的前提下由于其他经济单位的活动所发生的变化，这种变化便包括服务带给消费者的身体和心理等各方面的变化[40]。

依据服务的市场含义，在对服务质量这一概念进行界定的早期，很多学者类比于产品，认为满足消费者实际需求的程度是对服务质量的衡量，然而服务的测度过于复杂与抽象，因此其质量也无法得到细化解释。1982 年，Grönroos[128] 首次清晰地定义了"感知服务质量"这一概念，将心理学理论引入营销领域，从不同于传统质量观的新视角关注服务的质量，提出服务质量实质上是顾客的感知，服务质量需要由顾客的评价判断，是顾客的期望和其体验到的服务水平相比较后产生的心理结果[128]，这一概念奠定了后续服务质量研究的理论基础，此后的服务质量模型大多基于这一观点发展而来。Parasuraman，Zeithaml 和 Berry（PZB）[129] 以 Grönroos 的研究为基础，在 1985 年进一步细化了服务质量的内涵，指出服务质量不能参照产品质量的内涵进行定义，提出"差距模型"，强调服务质量应由"期望"和"感知"共同决定，将服务质量定义为顾客感知的服务水平和顾客期望的服务水平之差，完整的服务质量差距模型包含服务传递过程中决定质量的五个差距，即服务人员对顾客期望的感知与顾客期望本身的差距、服务人员对顾客期望的感知与其对质量标准的感知的差距、服务人员对标准的感知与实际服务情况的差距、服务者对顾客需求的理解与实际服务情况间的差距，以及顾客感知到的实际服务水平与其最初期望水平的差距。研究还通过对不同服务行业的探索，总结出了决定服务质量整体水平的十个要素：可靠性、响应性、胜任性、礼貌性、接近性、沟通性、信任性、安全性、了解顾客、有形性。随后，PZB（1988）[130] 的研究继续深化，在此十个质量要素的基础上，融合、总结出最终代表服务质量的五要素模型 SERVQUAL，其中包含有形性、可靠性、响应性、安全性和移情性。该模型被学术界普遍认为是经典的服务质量解释模型，在此后各行业的服务质量研究中一直被借鉴、沿用与扩展。

与此同时，从 20 世纪末期开始，对于服务质量的研究逐渐升温，众多学者都提出了各自对于服务质量内涵的理解。Brogowicz（1989）[131]提出了服务质量综合模型，从公司形象、外部影响和传统市场活动等方面综合考虑顾客的预期质量和实际感知质量。Bolton 和 Drew（1991）[132]总结了顾客在感知服务质量和服务价值时的多阶段模型，并认为服务质量直接受到服务表现与期望不一致性的影响。Bitner 和 Hubbert（1994）[132,133]认为服务质量是与企业及其产品的整体质量相关联的一个高阶概念，顾客对于服务过程的满意度是与企业整体满意度相关的。Philio 和 Hazlett（1997）[134]将服务过程按属性划分，认为服务输出结果为关键属性，服务过程为核心属性，而服务输入是外围属性，从而定义了服务质量的属性模型。徐金灿等（2002）[135]将服务质量定义为满足顾客心理期望的标志。Brady 和 Cronin（2004）[136]提出了一种感知服务质量的多维模型，包括交互质量、物理环境质量和结果质量三个主要维度。Collier 和 Bienstock（2006）[137]从服务过程的角度出发，定义服务质量分为过程质量、结果质量和服务补救三个阶段。Radomir 和 Plaias（2012）[138]认为服务质量可以看作对顾客所期望服务的响应程度的一种估量。金灵华（2013）[139]的研究表明服务质量确实源于顾客的主观感知，个人情绪和消费方式等因素都会对顾客的服务感知结果，也就是服务质量产生影响。陈晓翠等（2016）[140]对于服务质量概念的定义则是从结果质量、交互质量、环境质量三个方面进行了说明。

总之，经过 30 余年的探索与发展，对于服务质量的概念已有较为成熟与一致认可的理论描述，虽然针对不同的服务行业与服务细节在对质量的详细解读上有所差异，但都以 Grönroos 的感知服务质量和 PZB 的差距模型为基础，并通过顾客的体验和感知对比来反映服务质量的情况。

2.4.2 服务质量的测量

测量系统是企业将其战略、运营、价值创造紧密连结在一起的纽带，也是企业想要领先行业的必备因素[141]。因此，在服务质量的定义逐渐清晰后，众多学者投身于对服务质量的测量方法的研究。服务的复杂性和无形性使得量化测量更为困难，直到 Grönroos 将心理学理论引入服务质量概念，形成了感知服务质量后，才为服务质量测量研究的迅速发展奠定了基础，而后服务质量测量在各类服务行业推广开来。

(1) 传统服务领域。

依据 Grönroos 提出的"顾客感知服务质量"概念模型[128]，以及 PZB 提出的"差距模型"[129]，PZB (1988)[130]首先对服务质量进行了量化测量的研究，他们通过对银行、信用卡公司、证券金融企业以及产品维修服务四类典型服务行业进行研究，借助问卷调查对顾客进行心理测量，量化顾客感知质量，最终从五个可测维度（有形性、可靠性、响应性、安全性和移情性）给出服务质量的基础测量量表，即服务质量 SERVQUAL 模型，实现了对服务质量的定量描述，服务质量量化评价方式从而得以迅速发展。而后，PZB (1993)[142]又对顾客期望的影响因素进行了详细的分析研究，通过纳入容忍区域修正了以上方法。SERVQUAL 模型以差距模型为理论依据，在进行质量评价时采用感知与期望的差值来说明，测量过程稍显繁复，因而 Cronin 和 Taylor (1992)[143]认为服务质量应该从服务绩效的角度直接测量，通过单纯测量顾客的感知质量的符合情况就可以衡量服务质量，因此提出了 SERVPERF 模型；并在 1994 年通过与 SERVQUAL 模型的对比证明了从服务绩效角度直接衡量服务质量的 SERVPERF 方法的有效性，在测量结果上并无差别[144]。除此之外，Fornell et al. (1992，1996)[145,146]根据瑞典顾客满意度指数（SCSB）的实践提出了"美国消费者满意度指数（ACSI）"，实现了对顾客感知服务质量满意度的度量。消费者满意度指数（CSI）的不断推广也使传统的 SERVQUAL 模型得到了进一步完善，两者可以整合运用[147,148]。在此后 20 余年的发展中，SERVQUAL 模型和 SERVPERF 的方法被认为是评估服务质量的典型方法，成为各类服务行业质量评价体系开发时的基本模型，并得到结合使用与大力扩展。在传统服务行业，据此开发本行业适用的具体服务质量测量量表的研究方法已发展成熟，研究成果遍布零售、银行、旅游（包括酒店、餐饮等）、医疗、政务等各个方面，具体可见表 2-3 中列举出的部分典型研究。从研究趋势上看，传统服务领域的服务质量测量研究已经趋向饱和。

(2) 新兴服务领域。

21 世纪以来，随着服务经济和信息技术的不断发展，信息技术的使用逐渐融入服务过程中，为服务业务的多样化发展提供了极大的技术支持。借助信息技术，各行业都在尝试更新服务形式和服务传递方式，而先进的信息技术使得顾客在接受服务的过程中可以不再需要与服务人员当面接触，因此传统的"顾客—员工"交互活动很多被"顾客—技术"交互过程所代替，于是，基于顾客感知的服务质量测量也因为新技术的加入而与传统服务的角度产生差异[149]。由于服务质量测量方法的成熟，面对新兴服务的不断产生，为了为后续管理研究作基础，学者纷纷对不同的服务情境进行质量测量研究。针对电子服务（e-service）等远程服务形式，与技术使用相关的新维度例如便利性、易用性、个性化、安全性等开始受到关注[137]。针对网络零售，Wolfinbarger 和 Gilly（2003）[150]通过焦点小组与问卷调查的方式量化开发了在线购物质量（eTailQ）测量量表，涉及网站设计、可靠性、隐私安全、顾客服务四个维度。Parasuraman 等（2005）[149]对顾客通过网络进行交易的过程构建服务质量测量量表，提出电子服务质量（E-S-QUAL）量表和电子补救服务质量（E-ResS-QUAL）量表，分别包括效率、执行性、系统可用性和隐私性四个维度，以及响应性、赔偿、接触三个维度。

表2-3 服务质量测量研究举例

	学者	时间	研究对象	研究结果
传统服务行业	Dabholkar et al.[154]	1995	零售服务	包括物理层面、可靠性、人员交互、问题解决和政策五个维度，以及店铺外观、便捷性、承诺、准确性、鼓舞性、礼貌性六个子维度的零售服务质量量表（Retail Service Quality Scale）
	van Birgelen et al.[155]	2002	售后服务	从现场服务质量、电话服务质量以及网络服务质量三个方面测量售后服务质量，并证明顾客的民族文化会影响以上服务质量的感知结果
	Abdullah et al.[156]	2011	银行服务	银行服务质量体系包含三个维度，即"系统化"、"可靠沟通"和"响应性"，多元回归分析表明"系统化"是银行业内最重要的服务质量维度
	Han et al.[157]	2012	航空服务	乘客对航空公司休息室的服务质量感知包括四个维度：氛围、餐饮服务、员工服务和设施
	Ryu et al.[158]	2012	餐饮	物理环境、食物和服务的价值的重要预测因素。物理环境和食物的质量是客户感知价值的重要决定因素
新兴服务行业	Santos[159]	2003	电子服务	电子服务质量包含潜在的表象的两个方面。潜在的维度包括易用性、外观、链接性能、结构和布局、内容可靠性、效率、支持、沟通、安全性和激励性
	Parasuraman et al.[149]	2005	电子服务	表象的维度包含可靠性、履行性、效率、响应性：系统可用性和隐私。电子补救服务"E-RecS-QUAL"包含三个维度：响应性、补偿和联系
	Collier & Bienstock[127]	2006	网络零售	电子服务"过程质量"、"结果质量"和"补救质量"三个部分。过程质量包含五个维度：功能性、信息准确性、设计、隐私、易用性、订单准确性、订单状态、时间线；结果质量包含三个维度：订单准确、互动质量、程序公平、结果公平；补救质量包含三个维度：互动公平、程序公平、结果公平
	Lin & Hsieh[151]	2011	自助服务	自助服务质量（SSTQUAL）包括七个维度：功能性、享受性、安全性、保障性、设计性、便利性和个性化
	O'cass & Carlson[160]	2012	网站服务	网站服务质量包括"电子通信质量"（涉及内容个性化、信息易懂性）、"电子运行质量"（包含适配质量、响应质量、功能质量）、"电子美学质量"（涉及美学表现质量、美学一致性质量）、"电子交易过程质量"（顾客接触质量、交易完整性、交易安全性）四个主要维度以及11个子维度

续表2-3

	学者	时间	研究对象	研究结果
新兴服务行业	Papadomichelaki & Mentzas[161]	2012	电子政务	电子政务质量包含六个主要维度：易用性、信任性、交互环境的功能性、可靠性、信息的内容和呈现方式、公民支持
	Tan et al.[162]	2013	电子政务	电子政务服务质量是包含多阶维度的复杂概念，主要包括"服务内容质量"和"服务传递质量"两个高阶维度，服务内容质量包含其下属两个子维度七个子属性，服务获得权及其下属七个子维度和服务所有权及其下属六个子维度，服务传递质量涉及高效的IT中介的服务传递及其下属的服务传递信息的可靠性、易用性、技术可靠性
	Nasr et al.[152]	2012	整合服务	整合服务质量涉及服务三阶段"服务接触与订购"、"服务消费"和"服务问题及补救"的不同方面。服务质量包含易于订购、价格、有形性、企业形象、服务消费价格四个子维度；服务核心质量、员工能力、员工能力、关系质量、顾客质量、呼叫中心质量、技术易用性、可靠性、技术安全性、技术个性化、技术信息质量、技术便捷性、技术速度13个维度；服务问题与补救涉及对于问题的补救质量
	Ganguli & Roy[153]	2013	整合服务	整合服务质量涉及两阶到个主要维度，包括"交互质量"（服务提供、员工能力）、"技术质量"（形象、价格、物理质量、易用性）、"辅助质量"（信息安全与质量、技术使用便利性、技术可靠性）
	Haruna et al.[163]	2017	电子图书馆	电子图书馆的服务质量从三个维度考察：环境质量、传递质量和结果质量，将通过服务价值的感知影响顾客的满意度和忠诚度

而后，随着越来越多信息技术在实体服务中的应用，出现了大量自服务系统（self-service system）服务质量的研究，涉及 ATM 机、图书借阅终端、自助入住或值机终端等。典型的研究例如 Lin 等（2011）[151]通过不同行业抽样的方法，研究得到了包含功效性、娱乐性、隐私安全性、保障性、设计、便捷和个性化七个维度的自助服务质量（SSTQUAL）测量模型。此外，由于信息技术的发展与顾客需求的增加，单一服务形式已经难以满足消费者的各类需求，Nasr（2012）[152]提出了杂合服务（hybrid service）的重要性，即远程与现场服务相结合的服务形态，并通过抽样访谈和文献研究的方法，总结了高质量杂合服务需要关注的焦点。随后 Ganguli 和 Roy（2013）[153]就对杂合服务进行了量化的量表开发，提出了包含交互质量、技术质量、辅助质量三个大维度的二阶测量模型。由于融合了新技术的服务较以往更为复杂多变，因此对不同情境下的服务质量测量模型探索一直在持续，并不断有新发现，表 2-3 列举了其中的部分研究以供参考。

通过表 2-3 可以看出，不同时间段对于服务领域的关注焦点在不断变换，近年来对于传统或单一服务的研究逐渐减少，而与信息技术相关、涉及机器与员工等复杂型的服务受到更多关注。随着市场中不断涌现的新型服务形式与技术，服务质量的测量模型也在不断更新丰富，并将沿着服务市场的变化不断持续下去。特别是在以产品生产为主的制造企业纷纷涉足服务市场后，服务形式继续着不断转变的趋势，而对于此类服务质量的测量也需要在实践和理论的往复借鉴中加以完善。Kim et al.（2015）[164]已经提出了针对于产品服务系统的评价体系，并开发了近百条测量指标，但是该研究从企业自身的绩效出发，忽略了顾客对服务的直观感受，无法真实识别传递出的服务质量。因此该领域仍存在盲区值得探索。

2.5 现有文献评述

经过本章的文献梳理，可以了解到学术界在制造企业的服务化相关领域已经进行了大量的研究，并且广泛验证了服务型制造与质量管理都是以顾客为导向提升顾客感知，增强企业竞争力和不同方面绩效的运营实践，同时对于服务质量测量的研究也在不断与时俱进，根据层出的新型服务形态进行了大量开拓。然而随着服务型制造模式在实践中的不断发展和迅速推进，以及服务经济的持续繁荣，现有研究虽然已取得了一系列的研究成果，积累了一定的理论基础，却仍存在一些问题尚未解决，需要后续研究继续关注。因此，本书将对制造企业服务化以及相应的质量管理问题继续深入探讨，丰富现有研究结果，并尝试弥补当前文献存在的不足：

第一，关于服务型制造和服务化的研究大多是从定性角度展开，如概念、内涵、框架、商业模式以及发展等，在现有文献中所占比重较大，目前已经较为成熟并形成了学界较为统一的认识。这些研究为企业的实践提供了理论支持，也为服务型制造及其管理相关问题更深入的研究奠定了基础。随着目前越来越多的企业实践，市场中也已经形成了大规模的数据，有助于为更深入的服务化转型理论与关系研究提供实践基础。

第二，学术界对于企业服务化的影响因素和它的绩效结果已经展开了一定程度的探讨，普遍认为服务化是改善企业绩效的有效途径的同时，也发现了服务化带来的负面困境。因此近几年涌现出很多关于服务化成功实施的观点探讨和相关实证研究，逐渐为服务型制造管理机制的研究搭建起理论基础，但这些研究主要集中于对企业内部结构特点和外部环境等方面的探讨，或与服务化直接相关的技术的作用，较少关注企业管理实践层面的影响，特别是战略实施的支持性运营实践的作用，如质量管理实践。此时在另一方面，与服务化转型同样追求顾客需求满足的管理实践"质量管理"，经过长期研究，普遍认为对于组织绩效能够产生积极作用，并与企业的创新活动相互协调。服务化转型对于制造企业来说本质也在于创新，质量管理又是保障组织战略计划实施效果的关键之一，避免失效发生，理论上能够帮助企业降低服务化悖论发生的风险，然而目前鲜有研究尝试讨论两者的关系以及质量管理在此产生的意义。也就是说，当前仍缺乏研究从服务化战略实施过程的角度出发，考虑此时企业的运营活动（比如质量管理实践）的支持作用，而对于仍处于转型升级探索阶段的企业来说，理解管理实践层面影响服务化战略成功的要素至关重要。

第三，随着服务质量的理论发展逐渐成熟，对于服务质量测量的研究已积累了广泛基础，同时学术界对于新兴服务形态的关注也从未间断。然而对于制造企业而言，服务化的转型使其提供的服务的质量控制问题成为运营重点之一，此类服务必然与传统服务领域的特点不同，但现存研究中鲜有关注制造企业所提供服务质量的问题，企业为了顺利深化服务型制造，进行服务质量管理是必由之路，急需借助合理的方法对制造企业提供的服务进行质量测量，从而为其服务业务的管理和质量控制建立基础，实现最终的绩效提升。

3 质量管理实践要素与制造企业服务化绩效的关系研究

无论是制造业还是服务业，在企业的运营过程中，质量管理都发挥着确保业务流程受控，实现最终目标的重要作用。制造服务化在全球领先的制造企业内已经实现了广泛实施，并且服务业务模式向更复杂与广泛的方向发展。而对于大多数制造企业来说，服务化转型的进程远没有理论上那么顺利，资源及具体运营情况都会造成影响。尤其是在服务型制造战略推进初期，服务业务开展成本增加，而尚未成熟的服务模式有时无法带来直接的经济效益增长，因此出现了"服务化悖论"的现象[43]，顾客认可度较低的服务会导致投入增加但效益下降的现象发生，进而影响企业服务化转型的推进[41]。因此，在顾客需求多样化、产品同质化趋势愈发明显的市场环境下，高质量的产品/服务交付能够帮助企业提升市场竞争力，在面临挑战时保持优势。理论上，服务化的目的在于通过更好地满足顾客需求来提升顾客满意度与忠诚度，最终实现经济效益增长；而质量管理的本质也是满足顾客的需求与期望，从而吸引和保留顾客。这就意味着，对于质量的追求也是服务化转型要达到的目标，对于质量的控制能够保障服务化转型的实施效果。因此，在现有服务化实施绩效研究、质量管理实践影响研究的理论基础上，本章以制造企业开展服务化并实现绩效的关键过程为主线，探讨质量管理实践中的各要素是否以及如何影响制造企业的服务化过程和绩效实现，为服务化成功要素的研究补充依据。

本书采用问卷调查的方式获取研究数据，通过结构方程模型（structural equation model，SEM）对研究假设进行实证分析，研究过程分为三个阶段：第一阶段是理论模型的建立，也就是3.1节和3.2节中涉及的变量设置、假设提出与研究模型确立；第二阶段是对于理论模型中各变量的测量范围的确定，根据已有研究开发测量项，构造本次研究的测量量表，而后根据数据分析修正量表并验证其信度与效度，具体过程在3.3节中展开说明；第三阶段是通过问卷调查数据，对理论模型进行实证分析，使用smart PLS 3软件对各测量模型和结构模型进行分析与验证，即确认各变量测量方法的准确性，并验证研究假设的有效性，该分析过程在3.4节中有具体呈现。最终，根据以上三阶段的研究过程得到相应分析结果，验证理论模型和研究假设，进行了结果讨论并揭示了理论与实践意义。

3.1 理论基础与变量解释

3.1.1 服务化绩效实现的理论基础与变量选取

制造企业服务化转型是学术与产业界关注已久的话题，其最终目的都是通过给顾客提供更好的产品使用体验和服务体验，满足顾客越来越多样与严格的需求，从而增强企业的竞争能力与盈利能力。自20世纪末Vandermerwe和Rada[1]提出服务化的概念后，制造企业的转型升级开始受到广泛关注。特别是在近十年，Baines等的两篇综述性文章[14,15]发表后，对于服务型制造或制造企业服务化相关话题的研究迎来快速发展，同时企业实践也在不断向前探索和推进。根据第2章的文献回顾可以看出，在企业的服务化战略实施过程中，根据企业所处行业和不同市场环境，以及企业自身条件的差异，出现了不同形式和不同程度的服务转型模式，从简单的产品相关服务，到复杂的专业型服务及系统解决方案[12,33]。然而从产品到服务的转型之路漫长，业务形态的变化也带来了诸多挑战。已有大量研究指出，在服务化转型过程中，企业会面临利益相关方的诸多挑战，最为显著的包括：企业的组织结构对于服务化推行的影响，涉及文化导向的转变、内部员工的意识与沟通情况，以及支持服务业务的能力等方面；服务化模式实施中的障碍，涉及产品与服务开发模式不融合、服务创新模式选择不恰当、组织设计和信息技术缺陷、服务管理能力不足等；以及面临更复杂的风险管理问题，涉及服务业务投资带来的经济风险、业务形式复杂带来的运作风险，甚至因无法满足期望产生的顾客流失风险；等等[34,165-169]。进一步，在实施服务化创新的过程中，Sousa和da Silverira(2017)[49]通过实证研究发现，基础性的产品导向服务很难获取经济效益从而陷入服务化悖论，而当企业提供的服务跨过产品为核心的阶段后，通过提供以顾客价值为导向的专业化服务，将带来企业效益的显著提升。可见，面对市场挑战，不同程度的服务化转型会产生不同的效益，最终影响着企业转型升级的成功与否，特别是表面化、浅层次的服务加成形式，反而增加了转型过程中的经济与运营风险[170]。

因此，制造企业面对服务化转型的必然性和诸多挑战，不能只表现在基础业务的拓展、文件的建立等形式上的转变，也不能仅停留在增加产品附加值的层面。真正的服务化战略实施应从企业的文化、氛围、组织架构、管理能力、运营实施等各个层面获得资源支持，也就是形成以服务化为导向的企业[171]，提高企业在服务业务中的能力，通过组织的转变从根本上赢得顾客，促进经营效益，避免服务化创新的失败。于是在本书中，首先关注企业整体的服务导向文化和运作方式转变是否可以保障相应的服务化绩效实现。也就是说，对于制造企业的服务化创新活动从企业文化层面的"服务导向"出发，检验组织文化与意识的整体转变能否对服务化核心活动层面的"服务创新能力"，乃至对"顾客反应"为表现的绩效产生直接的积极影响。在这一服务化绩效实现的过程中，涉及的核心变量的解释如下：

服务导向（service orientation）可以定义为企业为顾客提供卓越服务的整体倾向，以服务为导向的公司将顾客利益放在首位，通过优质服务努力满足顾客需求，在商业实践中为顾客创造价值，发展企业与顾客之间的合作关系，从而提高公司绩效和盈利能力[171,172]。服务导向可以认为是企业文化的组成部分之一，在这一背景下，企业组织、计划、积极参与并奖励以卓越服务为战略重点的实践和工作过程，坚信并印证了服务能够显著影响价值创造、客户满意度、企业竞争优势、组织成长和盈利能力[173,174]。因此，服务导向意味着企业从组织文化和整体的运作方式上重视顾客价值，对内部与外部顾客均保持追求顾客满意的服务意识。本书中的服务导向可定义为，制造企业为了支持和提供满足顾客需求的卓越服务，在组织范围内形成一致且持久的政策、措施和相应运作程序。

服务创新能力（service innovation competence）在本书中是指制造企业能够部署、整合资源与过程，从而实现新服务开发的能力[175]。也就是说，服务创新对制造企业意味着服务业务的开发，是企业围绕产品整个生命周期所涉及的服务内容或形式的变化，或与顾客互动关系的变化有关的创新行为[176]。在服务行业，服务创新能力早已成为关键的竞争要素[177]，因此在制造企业面临服务化转型时，服务创新的能力同样反映了企业在了解市场趋势和顾客真实需求方面的关键能力[171]，是企业执行服务化战略的具体表现，也是服务化转型成功与否的关键。

顾客反应（customer impact）作为企业经营状况的一种反馈，在本书中用作对服务化绩效的最直接表现，包括顾客满意度情况、新顾客吸引，以及相应的销量增长情况。因为在宏观上，组织绩效的表现包括财务绩效与非财务绩效（如与顾客相关的绩效），而两者之间也包含着紧密联系甚至一定的因果关系。

Mittal 和 Kamakura（2001）[178]的研究证明顾客的满意程度会正向影响其购买行为，同时涉及初次和重复购买的情况。Fornell 等（2010）[50]通过时间序列等计算方法求证出顾客满意度会直接影响销售增长。Cao 等（2016）[51]甚至在验证服务导向的制造企业中顾客满意度会影响顾客需求后，通过顾客满意度来成功预测顾客需求量。可知，通过测量顾客相关的绩效（customer-based performance），可以间接表明公司在实施某一战略后的整体绩效情况。对此，Gupta 和 Zeithaml（2006）[179]通过描述公司活动、客户行为和财务业绩之间的联系，也解释了客户相关的指标如何影响公司的财务业绩。根据服务利润链模型[180-182]，Oliveira 和 Roth（2012b）[141]也认为，衡量服务绩效的一种有效方法是考虑由此产生的顾客反应（customer impact），这一概念包括了对客户满意度变化、新客户吸引力和销售增长的测量。因此本书采用 Oliveira 和 Roth 提出的"顾客反应"概念来间接衡量制造企业的服务化绩效，一方面是考虑到财务绩效上的反馈中间变量太多，容易产生滞后且对企业行为的反馈不够直接；另一方面认为制造企业的服务化本就是以顾客为关注焦点的转变，因而顾客感知和相应的行为变化是很重要的绩效衡量指标，并且会在后续影响其他非财务与财务指标。

3.1.2 质量管理实践的理论基础与变量选取

质量管理一直以来都是运营管理领域的研究热点之一，因为高质量的根本目标是满足顾客的使用需求和期望，产品的质量在于"符合使用要求"和"适用性"的良好表现[65,183]，服务的质量在于顾客的"感知"使其满意，符合其期望[128]，于是通过质量绩效的提高，能够帮助企业更好地获得竞争力和市场占有率。在研究领域，一般使用质量管理实践来衡量质量管理这一抽象概念。而对于质量管理实践的构成要素和维度定义，不同研究环境下有着各自的观点及解释，结合第 2 章的综述总结起来，使用最多的要素包括高层领导支持、员工管理、顾客关系、供应商管理、产品/服务设计、过程管理和持续改进等方面。根据实践要素的不同特点，这些要素又被划分为不同的类别[184-186]，其中较为广泛接受的是 Flynn et al.（1995）[83]提出的从社会层面和技术层面细分质量管理实践至两个维度——"基础实践"和"核心实践"。其中，基础实践包括高层领导承诺、顾客关系管理、人员管理等与社会行为相关的活动；而核心实践涉及产品设计、过程管理、统计控制与反馈等过程性或技术性活动。在不同研究情景和具体问题下，学者会形成各自适用的质量管理实践维度及划分。结合梳理过的文献以及研究所针对的制造企业提供服务业务的具体情况,本书采用"质量管理基础实践"和"质量管理核心实践"的经典分类方式。其中,基础实践包括高层支持、员工管理、顾客关系管理三个维度,核心实践涉及与服务过程实现和控制相关的过程管理和持续改进两个维度。

(1) 质量管理基础实践(infrastructure practices)。

高层支持(top management support)指的是组织内高层管理人员为组织建立、领导并实现长期愿景的能力[97]。反映了高层领导在组织活动中的重要角色和核心支持,能够鼓励整个组织为实现绩效而努力,也会对其他质量管理实践内容产生影响[102]。因此,也有研究将其从基础实践中拿出,归类为质量管理的管理实践[185,187],是整个管理实践活动顺利进行的基础。本书在测量时关注了高层领导的资源支持、对员工的鼓励、质量活动的积极参与、战略目标制定与推行等方面。

员工管理(workforce management)是指为了保证组织质量目标而进行的一系列人力资源管理活动,改善员工采用非传统方式解决问题的态度,强调员工思想的重要性,实现持续的成长和发展[185]。在测量时涉及员工的战略了解、专业知识、质量活动的广泛参与等情况。

顾客关系管理(customer relationship management)是指通过在企业和顾客间建立沟通联系来培养具有竞争力的顾客关系[185]。传统环境下,企业通常通过时常的顾客访谈、顾客会面、企业活动、企业参观等活动鼓励顾客反馈以及参与企业产品/服务的设计与生产[188]。对这个要素的测量可以从接触活动、反馈机制、关注程度等角度进行。

(2) 质量管理核心实践(core practices)。

服务过程管理(service process management)在本书中特指制造企业进行服务业务拓展时,针对创新服务进行的整个生产与交互过程的质量控制活动,借鉴自 Flynn et al.[83]定义的流程管理(process flow management)概念。服务化的趋势要求制造企业不能再将质量关注点仅仅放在产品生产过程上,顾客对服务过程的质量感知会比对产品更加敏感,也对满意度和消费行为影响更大。对于该要素的测量包括衡量标准建立、标准执行、流程实施与控制等方面。

持续改进(continuous improvement)本质上是一种通过不断学习和积累知识而增强组织绩效的氛围,使个体和组织形成持续开发的新技能。通过获得、转化和利用员工集体性知识实现改进,同时,持续改进也是创新型组织的一个基础功能[116]。本书在测量持续改进时，涉及鼓励员工提出方案、持续改进的理念、流程监控和改进、改进活动的资源支持等方面。

3.2 研究假设与模型构建

在定义清晰研究所涉及的研究变量（即构念）后，接下来将根据已有文献研究与理论基础提出具体的关系假设和相应的概念模型。模型中一方面包含了对于服务化创新实施的关键因素及绩效的考察，另一方面也包含了服务型制造企业的质量管理实践不同要素在服务化实现过程中发挥的作用。

3.2.1 服务导向、服务创新能力、顾客反应之间的关系

（1）服务导向与服务创新能力。

制造企业进行服务创新的模式根据目标和资源情况不尽相同[189]，但都需要企业整体资源的配合，并且不同的资源配置与发展状况对服务能力构建的影响也不同[190]。服务导向意味着企业从组织文化和整体的运作方式上重视顾客价值，对内部与外部顾客均保持追求顾客满意的服务意识。因此从企业文化和组织结构中强调服务导向的企业，往往更加注重顾客的利益，更能够通过主动设计构建周全的服务操作体系及其运作，不断满足顾客需求[172]。由于服务化转型过程中的服务创新是制造企业围绕产品或其生命周期所开发的服务内容，一般会产生与顾客互动关系的变化[176]，故而拥有良好服务导向的企业更关注与顾客的沟通，通过顾客需求和顾客参与行为激发组织创新。Zomerdijk等（2011）[191]和徐建中等（2018）[55]也都通过研究指出，服务导向强调通过资源的调用发现和满足顾客需求，影响着企业的开发和创新活动。同时，组织的服务导向不仅对企业的创造力有直接影响，对于员工个体的工作投入和服务创新行为也有正向影响[192]；而服务导向的员工管理亦是其积极进行服务拓展，提高相关运作绩效的重要影响因素[193]。组织的服务导向经由个体层面表达，使工作过程以服务顾客为首要目标，不拘泥于现有范式，鼓励员工以顾客偏好的方式进行作业，从而促进了服务创新能力的积累。因此，得到假设：

H1：制造企业服务导向与服务创新能力正向相关。

（2）服务创新能力与顾客反应相关绩效。

制造企业进行服务创新能够显著提高企业的价值创造能力，影响企业的盈利模式，是制造企业在服务转型过程中的不竭动力[194]。许多研究已经证明服

务导向及企业的服务创新行为能够为企业获得并且维持市场竞争优势，无论是大型企业还是小企业，无论是西方成熟市场经济中的企业还是市场未完全成熟的转型经济中的企业，都有机会通过实施服务化战略与服务创新来提升企业绩效，包括产品与服务质量方面，投资回报率、销售回报率等盈利能力方面，以及在顾客满意度和忠诚感方面相较同行其他企业都获得更多优势[195-197]。众多实践案例也已经证明，在与工业客户进行业务往来时，无论是其认为的传统服务商（如联邦快递、思科系统等企业）还是装备制造商（如波音、戴尔等企业），具有卓越服务能力的制造商都比没有这一能力的制造商获得更好的顾客相关绩效[141]。企业开发新业务的直接感知者是下游顾客，因此制造企业的服务创新能力在绩效方面的影响首先体现为顾客对新服务业务产生的直接反应，包括客户满意度变化、新客户吸引力和销售增长的测量等方面[141]。于是，本书采用顾客反应来象征服务化绩效具有一定的合理性，并提出假设：

H2：制造服务创新能力为企业带来的顾客反应是积极的正向作用。

3.2.2 质量管理实践各要素的作用

服务化转型升级对于制造企业来说，意味着从以产品为中心（product-centric）的经营理念转变为以顾客为中心（customer-centric），更加重视顾客的使用体验、顾客需求和感知，以及顾客价值的传递，从而提高顾客满意度和忠诚度，通过满足顾客不同的价值需求占据市场，获得效益[15,21,22]。然而通过前文的诸多分析已经了解，当企业付出资源和精力进行服务化的变革时，会面临来自市场、环境、企业自身等各方面的挑战和阻力。此时，如何保障服务化的绩效成为制造企业服务转型能否成功的关键之一。通过第2章的综述，本书认为质量管理实践是企业为了改善质量、降低成本以及提高生产效率而采取的一系列管理措施和计划，目的是减少质量形成过程中的不确定性，规避不良质量带来的风险，从而提高企业的整体绩效并增强市场竞争力[106]。因此在企业拓展服务业务时，应用质量管理理念是一条坚持顾客导向目标、优化行动准则、控制实施效果、保证绩效的有效途径。相信借助质量管理实践能够很大程度上有针对性地规避服务化的风险，控制服务创新的效果，帮助制造企业服务化创新活动达成目标。

根据Gavin[100]提出的质量管理实践对绩效影响的路径模型，在制造路径上通过质量管理实践提高内部过程质量，即更少的缺陷、废料和返工，从而改善运作绩效；在市场路径上质量管理实践改善最终产品质量，可以提高销售额和增加市场份额，使企业产品具有更低弹性需求和更高销售价格。类比基础实践和核心实践的特点，基础实践主要在于创造良好的组织环境、清除质量管理实践实施障碍等，有助于改善最终产品质量，提高市场竞争力，赢得顾客满意和市场利润，相当于在市场路径上保障了企业绩效；而核心实践是质量方针与活动的具体实施，有助于减少缺陷、返工，保证产品/服务的可靠性，实现以更低成本的输出，因此在制造路径上保障了企业绩效[117]。由此，可以认为不同的质量管理实践类别将会在制造企业保证服务化绩效实现的过程中发挥不同的作用，共同支持服务业务开发与服务化转型的绩效结果。

（1）质量管理基础实践的影响机制。

服务导向作为企业文化层面的因素，为服务化实施及企业服务创新能力的提升奠定了基础，但需要坚定的企业氛围支持。而在质量管理基础实践中强调的领导作用，即高层支持，通过对企业发展方向以及资源分配调整来支持企业的实践活动[117]。强调质量管理的企业通常以满足顾客为目标，重视企业的服务性，高层领导对于质量目标的支持，有助于企业形成以满足顾客需求而优化业务的服务意识，是将服务化理念贯彻到组织层面的基础。因此质量管理实践下的高层支持能够帮助企业营造整体的顾客关注文化，促进服务导向的形成。大量研究表明，领导的支持强烈影响着组织和员工的核心价值观、态度以及信念，也是实现卓越业务的驱动因素[198,199]。而服务导向明显的制造企业，更加关注产品/服务传递的价值，也要求员工更具服务意识，因此领导支持会强化员工管理机制，形成适合企业服务化氛围的工作环境。服务导向的企业之所以有能力提高企业的绩效，首要原因就是以顾客为目标、以服务为导向的企业为了满足顾客需求会高度重视服务质量，通过与顾客接触的每个细节，提高顾客对服务质量的感知[172]，因此也必然关注顾客关系管理。

另一方面，制造企业的服务化从根本上说是一种创新行为，需要通过新的业务形式扩大盈利空间，赢得更多顾客。组织的服务导向作为一种整体氛围，在为顾客创造价值方面发挥着广泛的基础作用[200]。服务导向以服务顾客从而实现顾客价值为宗旨，具有较好服务导向的企业更倾向于通过与顾客保持良好的关系和例行的互动获取顾客需求，当然也更注重顾客需求的满足[141]，因此必然对顾客管理有较高标准。同时，服务导向的文化也会影响企业内部的员工满意度和行为，服务导向要求决策是贴合顾客需求的，要求员工为顾客寻求最优方案，因而更能激发员工的服务主动性和自我规范性[201]，同时由于员工对内部顾客也具有同样的服务精神，使下游员工工作满意度增强，更乐于积极投入组织的工作中，并形成与组织一致的理念[173]。

相对应的，这些员工、顾客层面的质量管理基础实践，又能够在组织中建立起安全与信任的心理环境，激励员工积极参与实验、开发与创新活动[202]。组织创新能力的体现是个体的创新活动，员工是推动实践的主体[114]，因此恰当的员工激励与理念传输能够鼓励员工创造新思维，为满足顾客需求开发新方式。而企业的顾客关系管理是在获取全面的顾客需求和反馈，用以开发或改进产品/服务，提高消费时的质量感知；也是在更好地表达企业对顾客的关注，增加顾客良性的感知，同时真正实现个性化需求的满足；最后，也是从情感上维系顾客，借助移情性增加顾客的忠诚度[171,203]。因而可以将顾客看作促使服务创新的源泉，顾客与企业之间的互动过程会影响服务创新绩效[204]。通过完善的顾客关系管理机制和实践，可以帮助企业与顾客形成良好沟通，并积极引导顾客参与到产品及服务的生产和创新过程中[205]。

由此，提出以下假设：

H3：基础实践中的高层支持正向影响着企业的服务导向环境。

H4：基础实践中的员工管理对企业服务导向与服务创新能力之间的关系存在中介作用。

H5：基础实践中的顾客关系管理对企业服务导向与服务创新能力之间的关系存在中介作用。

（2）质量管理核心实践的影响机制。

核心实践聚焦于控制与改进流程，是企业根据顾客需求改进与开发现有技术和生产过程的直接体现[206]。在注重服务业务创新的制造企业中，只有顾客认可、满意的服务才真正达到了服务化的目的，获得绩效提升，因此更加强调对于服务过程的质量控制和根据顾客需求的不断改进。服务创新因其特性是存在风险和不确定性的行为，并且越高的服务创新程度也意味着对新服务开发的成功性影响越大，因而服务创新活动必须有稳定的服务过程控制作保证才能真正实现感知服务与期望一致的顾客感受，赢得顾客满意[207,208]。过程管理的结果最终表现为产品/服务的质量情况，而无论对于产品还是服务，质量都能够影响企业所开发业务的顾客感知，进而通过消费者行为影响企业绩效。同样，持续改进是帮助企业不断调整当前质量状态以满足顾客需求，或保证新开发业务符合市场的重要活动。特别是在涉及服务业务时，由于服务的无形性特点，更使得服务质量成为影响最终绩效的最主要因素[209,210]。考虑到服务的生产和消费过程与产品差异巨大，具有完全不同的管理特点和质量评价方法，为服务过程建立标准并进行控制与改进是服务导向的组织在市场中获得成功的关键要素之一[200]。

综上，得到以下假设：

H6：核心实践中的服务流程管理能够正向促进服务创新能力与顾客反应之间的关系。

H7：核心实践中的持续改进能够正向促进服务创新能力与顾客反应之间的关系。

根据上述所有假设的提出，得到了本书的最终概念模型，展示了不同质量管理实践要素在制造企业服务化的绩效实现过程中的影响路径。详见图3-1。

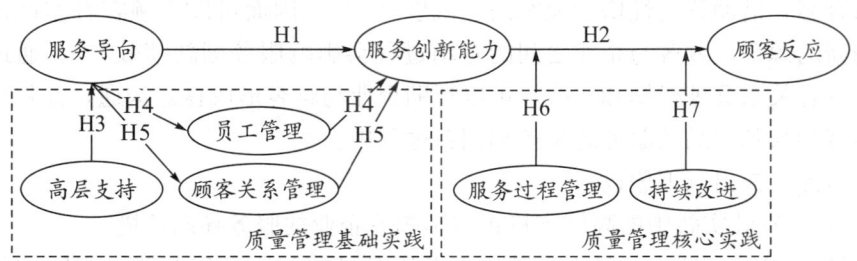

图3-1 质量管理实践对制造企业服务化创新及其绩效表现的影响关系模型

3.3 问卷调查与测量项修正

按照实证研究的范式，本书通过问卷调查方式收集到一手数据，并在进行整体研究模型的实证分析前，对各潜变量（即模型中的构念）的测量方式进行检验与修正，以保证研究模型分析结果的可靠性。

3.3.1 初始测量项开发与问卷形成

在模型建立阶段已经定义了假设所涉及各潜变量（构念）的意义，在具体的研究过程中，首要任务是明确这些构念的衡量范围即测量指标，从而确保模型的有效性。通过阅读大量相关话题下的实证研究文献，寻找相同或相似概念下成熟的测量量表，进行严格的测量项收集与筛选。

表3-1 模型中构念测量项的主要来源

构念	测量项来源
服务导向	Lytle & Timmerman (2006)[173]，Oliveira & Roth (2012a)[171]
服务创新能力	Oliveira & Roth (2012a)[171]，Oliveira & Roth (2012b)[141]

续表3−1

构念	测量项来源
顾客反应	Oliveira & Roth (2012b)[141]
高层支持	Flynn et al. (1995)[33], Fynes & Voss (2001)[209], Oliveira & Roth (2012a)[171]
员工管理	Flynn et al. (1995)[33], Fynes & Voss (2001)[209], Oliveira & Roth (2012a)[171]
顾客关系管理	Flynn et al. (1995)[83], Samson & Terziovski (1999)[76], Winer (2001)[212], Kaynak (2003)[73], Jain et al. (2007)[203], Oliveira & Roth (2012)[171]
服务过程管理	Flynn et al. (1995)[83], Nath & Raheja (2001)[213], Kaynak (2003)[73], Oliveira & Roth (2012)[171], Long et al. (2015)[123]
持续改进	Ahire et al. (1996)[71], Lakhal et al. (2006)[185]

表3−1列出了每个构念所收集到测量项的主要采源文献，将量表整合后，将意义重复的测量项进行删除或融合，得到最初的测量体系。由于使用的测量项原始来源基本为英文文献，需要对最初的测量体系进行可靠的翻译工作。根据Brislin (1970)[211]提出的双向回译方法，可以帮助翻译过程减少译者语义习惯带来的偏差，最大程度呈现测量项的原本含义。首先将各测量项译为中文，并反复斟酌措辞和语义，使其精炼并且易于理解；而后邀请熟悉先进制造领域并发表过高水平英文论文的专家将中文测量项译回英文，并将此翻译稿与原始英文描述进行对比，检验两者含义是否相同；最后，针对前后对比出入较大的测量项，与该专家讨论并确认最贴切的中文描述方法。通过充分的收集与翻译工作，用以测量模型中各构念的初始中文测量项。开发完毕，可以进一步形成完整的调查问卷。

针对开发得到的初始测量项，为了增强形成问卷的信度，提高问卷的可读性和简洁性，征集了制造和服务相关研究领域两位教授、三位博士生，以及制造企业负责运营工作的三位专业人员，对题项进行反复研读，从措辞准确性、描述严谨性、语义易懂性、格式一致性等方面进行探讨、调整与修正，并根据企业人员建议删除涉及敏感和企业机密的题项，或以其他有同样测量效果的概念代替。

在形成最终的调查问卷时，除了包含反应研究模型中各构念的初始测量项外，还涉及其他格式化内容，以方便问卷的发放、回收和分析工作。因此，用以实施调查的问卷共包含三大部分：其一，对调查目的及意义的描述，以及对调查数据保密性的承诺，使被调查者更易于接受此次调查并提供最真实的答案；其二，问卷主体，也就是形成理论模型的各构念的初始测量量表，出于对测量精度、准确度及显著程度等多方面的综合考虑，本书选择采用李克特（Likert）七级量表，被调查者根据实际情况主观判断问卷中的陈述与企业相符的程度，据此给出"1"（非常不符合）到"7"（非常符合）的相应评分；符合程度根据分数逐渐增加；其三，为了检验被调查者是否认真填写问卷，并保证第二部分信息的真实性，不同于大多数问卷内容的顺序安排，本次调查问卷的第三部分为被调查者及其所在企业的基本信息，涉及被调查者岗位、企业性质、所属行业、企业规模、收益情况、资产情况等。完整的问卷内容可见附录Ⅰ。

3.3.2 数据收集

经过问卷的构建和修订完善后，问卷正式发放到企业进行调查。综合考虑本书的目标与实施性，调查背景选定装备制造业，此类企业正处于积极向先进制造与服务型制造转型的大环境下，很多企业的服务化已经从基本的产品导向型向使用导向型转变。同时，装备制造业是较为典型的 B2B 经营方式，顾客一般为下游企业，因此顾客的数量可控并且其有较高的可追踪性，便于通过企业本身了解客户反馈的转变。此外，装备制造业是制造业的核心组成部分，也是衡量一个国家工业化程度的标志。德勤公司进行的中国装备制造业服务创新调查结果也显示，大部分受访企业认为中国装备制造业服务创新的开展情况与整体制造业基本一致。装备制造业服务化水平和服务创新能力是整个制造业服务创新现状的缩影。

为了保证企业能够积极参与到此次问卷调查中，并保证问卷的回收效率和信息准确性，此次问卷调查采用与政府机构合作的方式，由相关管理部门进行问卷的正式发放与回收，因此选择在天津市滨海新区市场和质量监督管理局对企业进行质量管理现状调研时进行额外的问卷调查。而选择天津滨海新区作为样本选择区域的原因是滨海新区是中国北方对外开放的门户、高水平的现代制造业和研发转化基地，已成为中国经济的新型增长极，作为国务院批准的第一个国家综合改革创新区，该新区多年的积累使得大批优秀的工业企业在此稳健成长，企业密集而且先进制造业集中，是中国北方较具代表性的工业企业聚集区之一，拥有可观的样本量。

本次调查向 228 家装备制造企业发放问卷，剔除包含以下原因的问卷：①问卷未能全部填写完整，存在数据缺失；②连续多题甚至全部题目评分相同，如连续 10 题全部选 5；③存在明显规律性的分数，如持续出现 3－4－5－6－7－3－4－5－6－7 等类似情况。删除冗余问卷后，共保留有效问卷 112 份，有效回收率 49.12%。至此，研究需要的初始数据收集完成，且能够保证一定的可信性。对于问卷基本信息的样本特征统计如表 3－2 所示，通过各项基本信息的统计可以认为，行业分布、企业规模等特征分布较为均匀，样本具有一定的研究代表性。

表 3－2 样本基本特征统计（n=112）

		企业数	百分比
行业分布	专用设备制造业	24	21.43%
	通用设备制造业	14	12.50%
	电器机械及器材制造业	12	10.71%
	仪器仪表制造业	10	8.93%
	金属制品业	9	8.04%
	运输设备制造	8	7.14%
	电子制造	6	5.36%
	医疗器械制造	6	5.36%
	其他	23	20.54%
企业性质	私营企业	72	64.29%
	三资企业	22	19.64%
	国有企业	18	16.07%
资产总额（万元）	X<2,000	28	25.00%
	2,000<X<4,000	14	12.50%
	4,000<X<6,000	13	11.61%
	6,000<X<8,000	8	7.14%
	8,000<X<10,000	6	5.36%
	10,000<X<20,000	17	15.18%
	20,000<X	26	23.21%

续表3-2

		企业数	百分比
本年度主营业务收入（万元）	Y<2,000	34	30.36%
	2,000<Y<4,000	18	16.07%
	4,000<Y<6,000	16	14.29%
	6,000<Y<8,000	7	6.25%
	8,000<Y<10,000	9	8.04%
	10,000<Y	28	25.00%

3.3.3 测量项修正

由于本书涉及的量表基本为相关已有研究的整合，是基于成熟量表的加工，按照实证研究和 SEM 方法的研究范式，在进行模型的假设关系研究之前，需要确保每个构念在测量方法上的准确性，也就是删除或修正不恰当的测量项[214]。最直接的方法就是二阶段模型修正（two-step modeling）中提到的对测量模型进行验证性因子分析（confirmatory factor analysis，CFA），确保测量指标的结构能够真实反映各构念，从而保证 SEM 中模型和路径分析的准确性与客观性[215]。CFA 可以充分利用先验信息，在已假设因子结构的情况下，检验所收集的数据是否与该结构一致，即考察此前定义的因子（潜变量）模型拟合实际数据的能力。本书的 CFA 将通过两个步骤进行，步骤一是对每个一阶潜变量进行 CFA，检验测量项与潜变量的关系并删除不恰当测量项，以确保每个潜变量的测量模型具有良好的拟合性以进行后续结构模型分析；步骤二是对逻辑关联较大的一阶潜变量进行变量相关性的整体 CFA，检验因子（潜变量）结构的拟合性并继续删除在不同因子（潜变量）之间产生较大相关性的测量项，保证因子结构的合理性。

（1）一阶潜变量 CFA。

对模型中涉及的每个潜在变量建立测量模型结构，进行 CFA 检验与修正。以模型中的服务导向（SO）变量为例，使用 AMOS 22 软件建立如图 3-2 的测量结构，进行反复的检验与分析。根据每次的拟合结果（例如图 3-2a），进行以下修正操作：首先，删除因子载荷小于 0.7 的测量项；而后，观察各类模型拟合指标，包括 χ^2/df（卡方与自由度之比）$\leqslant 3.0$，CFI（comparative fit index，比较拟合指数）$\geqslant 0.90$，GFI（goodness of fit index，拟合优度指数）$\geqslant$

0.80，AGFI（adjust goodness of fit index，调整的拟合优度指数）≥0.80，RMSEA≤0.08 等[216-218]，确定模型拟合度是否可接受；当模型拟合不佳时，针对模型修正指标（modification indices，MIs）中报告出的高交叉相关的测量项进行删除；最后，针对完善后的测量模型，循环以上步骤继续进行拟合与分析，直至模型拟合指标全部合格（如图 3-2b）。

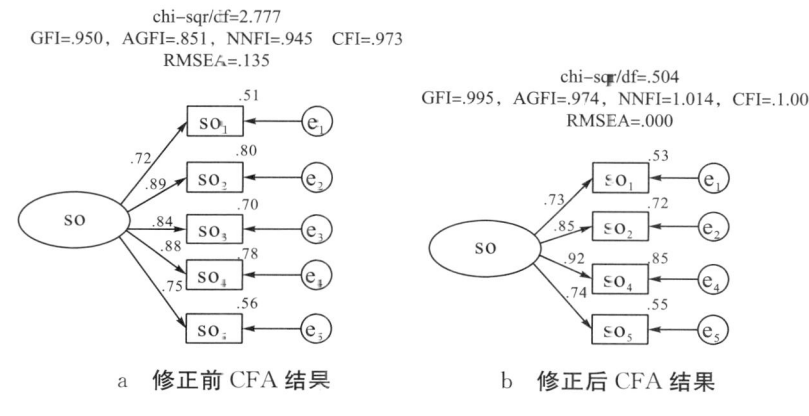

a 修正前 CFA 结果　　　　b 修正后 CFA 结果

图 3-2　以"服务导向"为例的一阶潜变量 CFA 修正结果

对于模型中的其他各潜变量进行同样的循环分析，考虑到篇幅限制，在此不一一列举，只以服务导向一项为例进行展示。经过循环分析，删除了"服务导向"中的 SO_3，"服务创新能力"中的测量项 SI_2、SI_5，"高层支持"中的测量项 TS_1，"员工管理"中的测量项 WM_1，"顾客关系管理"中的 RM_4，"服务过程管理"中的测量项 PM_4，以及"持续改进"中的 IP_1 共七项测量项。本阶段的 CFA 结果整理在表 3-3 中。

表 3-3　一阶潜变量验证性因子分析（CFA）结果

变量	测量项	因子载荷	χ^2/df	CFI	GFI	AGFI	RSMEA
服务导向	SO_1	0.73	0.504	1.000	0.995	0.974	0.000
	SO_2	0.86					
	SO_4	0.92					
	SO_5	0.74					
服务创新能力	SI_1	0.83	—	—	—	—	—
	SI_3	0.90					
	SI_4	0.91					

续表3-3

变量	测量项	因子载荷	χ^2/df	CFI	GFI	AGFI	RSMEA
顾客反应	CI_1	0.91	—	—	—	—	—
	CI_2	0.92					
	CI_3	0.90					
高层支持	TS_2	0.89	1.697	0.995	0.991	0.962	0.051
	TS_3	0.77					
	TS_4	0.81					
	TS_5	0.83					
员工管理	WM_2	0.87	—	—	—	—	—
	WM_3	0.93					
	WM_4	0.90					
顾客关系管理	RM_1	0.73	—	—	—	—	—
	RM_2	0.87					
	RM_3	0.90					
服务过程管理	PM_1	0.90	2.472	0.991	0.980	0.940	0.077
	PM_2	0.94					
	PM_3	0.91					
	PM_5	0.90					
持续改进	IP_2	0.93	0.639	1.000	0.994	0.969	0.000
	IP_3	0.95					
	IP_4	0.90					
	IP_5	0.88					

（2）潜变量因子结构CFA。

按照潜变量各自的CFA结果能够保证测量模型的准确性，而考虑到逻辑关联较大的潜变量之间的相互关系，为了进一步了解各测量项是否很好地解释以及仅解释本身所属潜变量，需要对潜变量间构建带有相互关系的CFA。

3 质量管理实践要素与制造企业服务化绩效的关系研究

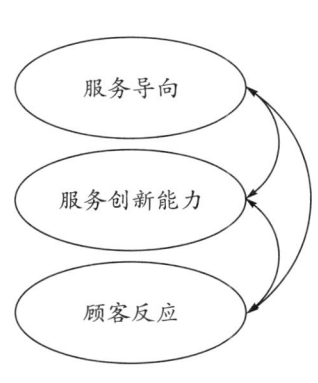

a 服务化相关变量 CFA

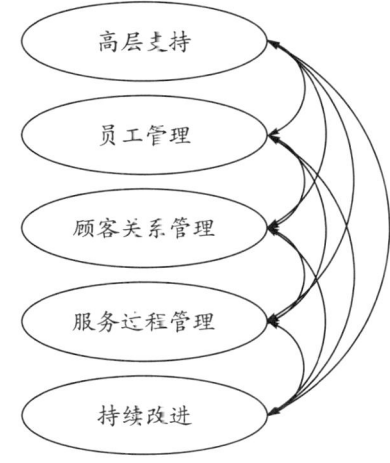

b 质量管理实践相关变量 CFA

图 3-3 潜变量因子结构 CFA

如图 3-3，按照服务化逻辑和质量管理实践逻辑分别对服务化要素（图 3-3a）和质量管理实践要素（图 3-3b）建立因子模型，同样使用 AMOS 22 软件对因子模型进行反复检验与分析。根据拟合结果（χ^2/df、CFI、GFI、AGFI、RMSEA 等）以及模型修正指标（MIs）报告，继续删除不合格测量项（包括 TS_5、IP_5），直至因子模型拟合指标全部合格。最终，通过严格的 CFA 更迭过程，在服务化绩效实现相关变量中不需要继续删除，因子载荷全部大于 0.7，$\chi^2/df=1.332$，CFI=0.987，GFI=0.928，AGFI=0.871，RMSEA=0.058，模型拟合通过。而在质量管理实践相关变量中，"高层支持"中的测量项 TS_5、"持续改进"中的测量项 IP_5 被删除，因子载荷全部大于 0.7，$\chi^2/df=1.518$，CFI=0.972，GFI=0.869，AGFI=0.805，RMSEA=0.073。模型拟合通过，证明修正后的测量量表能够较好地反映真实数据和构念定义，可用于研究模型的具体分析，相应的测量项筛选结果及其因子载荷整理见表 3-4。

表 3-4 验证性因子分析（CFA）最终结果

变量	测量项	因子载荷
服务导向	SO_1	0.73
	SO_2	0.86
	SO_4	0.91
	SO_5	0.76

续表3-4

变量	测量项	因子载荷
服务创新能力	SI_1	0.82
	SI_3	0.92
	SI_4	0.89
顾客反应	CI_1	0.92
	CI_2	0.91
	CI_3	0.90
高层支持	TS_2	0.87
	TS_3	0.78
	TS_4	0.82
员工管理	WM_2	0.89
	WM_3	0.93
	WM_4	0.91
顾客关系管理	RM_1	0.76
	RM_2	0.85
	RM_3	0.91
服务过程管理	PM_1	0.92
	PM_2	0.92
	PM_3	0.88
	PM_5	0.90
持续改进	IP_2	0.95
	IP_3	0.93
	IP_4	0.91

3.4 研究模型实证分析

为了验证本书提出的假设和相应研究模型，按照实证研究范式，选择结构方程模型（strutural equation modeling，SEM）的方法来揭示变量（构念）间的关系。常用的 SEM 分析软件包括 AMOS、SmartPLS 等，不同软件由于方法上存在一定的差别，适用情况也不同。面对较小样本的数据时，SmartPLS

能够发挥更有效的作用，Wixom & Watson（2001）[2.9]的研究指出，PLS（偏最小二乘）方法进行 SEM 研究的最小样本数应为 30，学界也普遍认可 SmartPLS 软件在样本量 100～150 区间即能得到可靠结果。因此，本书在进行研究模型的实证分析时，选择了 SmartPLS 3 软件。具体的实证分析过程将包含"测量模型分析""共同方法偏差"和"结构模型分析"。其中，测量模型分析是指测量变量（observable variable）与相应潜变量（latent variable）之间关系的验证，也就是测量变量能否准确反映潜变量；共同方法偏差检验是为了避免使用同一问卷测量全部变量时造成的系统误差；而结构模型分析是通过检验各潜变量间的关系来证实/证伪理论假设[220]。

3.4.1 测量模型分析

在前文进行测量指标修正时（详见 3.3.3），已经对本书的测量模型进行了初步的结构检验和修正。但在进行最终的 SEM 分析中，仍需进一步确认测量模型的可靠程度，确保理论模型的验证结果准确并具有统计意义。因而在给出结构模型的分析结果前，先对测量模型的信度（reliability）与效度（validity）进行探讨。

（1）信度分析。

测量模型的信度是可靠性的表现，量表的信度越大，则测量标准误越小[221]。通常用以检验信度的指标包括组成信度值（composite reliability，CR）和 Cronbach's α 系数，两者均可反映测量结构中各潜变量的内部一致性，可接受边界值也均为 0.7，即数值越大代表量表具有越高的内在信度[222,223]。CR 值与 Cronbach's α 系数的计算公式分别如下：

$$CR = \frac{(\sum \lambda)^2}{(\sum \lambda)^2 + \sum \theta}$$ （公式 3-1）

其中，λ 表示同一因子下各测量项因子载荷量，θ 表示相应的测量误差。

$$Cronbach's\ \alpha = \frac{n}{n-1}(1 - \frac{\sum S_i}{\sum S_t})$$ （公式 3-2）

其中，n 为测量项数量，S_i 表示该构念下某一测量项的样本方差，S_t 表示该构念各测量项总体的样本方差。

借助统计软件 SPSS 22，本书测量模型的信度分析结果可见表 3-5 所列，各构念 CR 值与 Cronbach's α 系数都接受范围内，测量模型的信度表现良好。

表 3-5　测量模型信度分析

构念	测量项数量	CR	Cronbach's α	是否通过信度检验
服务导向	4	0.889	0.874	是
服务创新能力	3	0.912	0.909	是
顾客反应	3	0.935	0.934	是
高层支持	3	0.869	0.862	是
员工管理	3	0.936	0.934	是
顾客关系管理	3	0.879	0.870	是
服务过程管理	4	0.947	0.943	是
持续改进	3	0.951	0.948	是

（2）效度分析。

测量模型的效度是指能够准确测出所需测量变量或对象的程度，因此效度越高则表明测量结果的准确性越高[221]。效度的检验一般包括内容效度（content validity）、收敛效度（convergent validity）和区分效度（discriminant validity）。对于内容效度，是确认测量题项的表达和意义是否恰当反映测量对象，测量项经过严谨的开发和修正过程，并经多名学术和产业界专家修改讨论，因此认为具有良好的内容效度。

而收敛效度认为指向不同测量方法测量同一概念时的一致性，即不同测量项的关联程度，通常使用标准化因素载荷值大于 0.7，和平均方差萃取值（average variance extracted，AVE）大于 0.5 作为可接受边界值来判断[218]。本书测量模型的收敛效度分析结果可同时参考表 4-5 与表 4-7，表 4-4 中所示最终测量量表中各项目的标准化因素载荷均在建议值（0.7）之上，表 4-6 中各潜变量 AVE 值也远在 0.5 之上，模型具有良好的收敛效度。AVE 值的具体计算公式如下：

$$AVE = \frac{\sum \lambda^2}{\sum \lambda^2 + \sum \theta} \quad \text{（公式 3-3）}$$

其中，λ 表示同一因子下各测量项因子载荷量，θ 表示相应的测量误差。

最后，区分效度用来检验模型的不同潜变量间是否存在显著差异，即每个测量项只能解释一个潜变量，而与其他变量无关，通常采用 AVE 法[222,224]，具体就是将各潜变量间的皮尔森相关系数与相应 AVE 值的平方根进行比较，若相关系数小于对应构念的 AVE 平方根，则说明具有区别效度。表 3-6 展示了相关系数与 AVE 平方根的对比情况，证明该结构模型具有很好的区分效度。

表 3-6 测量模型效度分析

构念	收敛效度 AVE	区分效度							
		CI	SI	SO	IP	PM	WM	RM	TS
CI	0.827	0.909[a]							
SI	0.775	0.587	0.880[a]						
SO	0.665	0.585	0.701	0.815[a]					
IP	0.860	0.645	0.529	0.243	0.927[a]				
PM	0.830	0.633	0.496	0.212	0.682	0.911[a]			
WM	0.834	0.499	0.753	0.634	0.43	0.424	0.913[a]		
RM	0.699	0.656	0.705	0.638	0.401	0.399	0.678	0.836[a]	
TS	0.688	0.587	0.621	0.686	0.234	0.198	0.596	0.693	0.829[a]

注：a 为各潜变量 AVE 的平方根；下三角为各个维度间的相关系数。

3.4.2 共同方法偏差

共同方法偏差（common method biases）是指在不同变量测量时因为同样的数据来源、同样的测量环境以及相同评分对象等造成的潜变量与测量变量间的人为共变，从而产生的一种系统误差。由于这种误差可能对研究结果产生混淆和误导的可能性，针对一次性问卷收集的数据，要通过检验相应的共同方法变异（common method variance，CMV）避免共同方法偏差给研究带来的影响[225]。CMV 代表两个变量之间变异的重叠是因为使用同类测量工具而不是表现潜在构念之间的真实关系。通常检验 CMV 的存在及影响情况包括两种常见方法：哈门氏单因子检定法（haeman's one-factor test）[226]和共同方法因子分析法（common method factor）[225]。本书基于这两种方法对所有样本数据进行了 CMV 作用的检验。

首先，哈门氏单因子检定法要求将结构模型中涉及全部变量的测量项进行探索式因子分析（EFA），当只存在一个因子或者有一个因子对方差的解释度很大时，数据很可能存在共同方法偏差的问题[227]。使用 SPSS 22 软件进行主成分分析因子抽取，结果表明，77.85% 的方差由八个因子解释，而最大的因子的方差解释能力小于 50%。由此可知，本问卷的数据并没有存在只能提取一个因子的情况，也没有出现某一因子解释大部分方差的情况。因此，共同方法偏差的问题不会困扰本书的数据分析。

同时，根据 Podsakoff 等人（2012）[225] 定义的共同方法因子分析法再次进行检验，通过构建一个理论共同因子，计算并比较模型中涉及的每一个测量项分别被相应结构潜变量解释和共同方法因子解释的差异。使用 PLS 模型计算的结果如表 3-7 所示。各测量变量在所属测量结构上对应的实质载荷（substantively explained variance）全部在 0.7 以上，而相对应的共同因子载荷（method-based variance）绝对值都小于 0.14；此外，实质载荷的平均值为 0.904，共同因子载荷的平均值为 0.001，差距明显，并且所有共同因子载荷都显示为不显著。由此可以判断，共同方法变异不足以影响本书的测量和分析结果。

表 3-7 共同方法偏差分析结果

潜变量	测量指标	实质载荷（R1）	$R1^2$	共同因子载荷（R2）	$R2^2$
服务导向	SO_1	0.863	0.745	−0.054	0.003
	SO_2	0.908	0.824	−0.030	0.001
	SO_4	0.941	0.885	−0.030	0.001
	SO_5	0.730	0.533	0.101	0.010
服务创新能力	SI_1	0.882	0.778	−0.037	0.001
	SI_3	0.844	0.712	0.099	0.010
	SI_4	0.902	0.814	0.033	0.001
顾客反应	CS_1	0.832	0.692	0.138	0.019
	CS_2	1.007	1.014	−0.081	0.007
	CS_3	0.982	0.964	−0.057	0.003
领导支持	TS_2	0.815	0.664	0.099	0.010
	TS_3	0.992	0.984	−0.139	0.019
	TS_4	0.864	0.746	0.039	0.002
顾客关系管理	RM_1	0.796	0.634	0.059	0.003
	RM_2	1.004	1.008	−0.111	0.012
	RM_3	0.869	0.755	0.055	0.003

续表3-7

潜变量	测量指标	实质载荷（R1）	$R1^2$	共同因子载荷（R2）	$R2^2$
员工管理	WM_2	0.792	0.627	0.065	0.004
	WM_3	0.937	0.878	−0.090	0.008
	WM_4	0.956	0.914	−0.036	0.001
服务过程控制	PM_1	0.938	0.880	−0.010	0.000
	PM_2	0.894	0.799	0.078	0.006
	PM_3	0.930	0.865	0.000	0.000
	PM_5	0.975	0.951	−0.070	0.005
持续改进	IP_2	0.975	0.951	−0.028	0.001
	IP_3	0.941	0.885	0.025	0.001
	IP_4	0.940	0.884	0.003	0.000
均值		0.904	0.823	0.001	0.005

3.4.3　结构模型分析

进行了测量模型信度与效度检验，以及共同方法偏差分析后，可以正式对包含研究假设的整个结构模型进行数据分析。在结构模型的分析过程中，主要关注到服务化的绩效实现路径，以及服务质量管理实践对这一过程中发挥的中介和调节作用，尤其在探讨质量管理实践的作用时，注意到不同实践要素类型产生作用时所面对的因变量与自变量相对独立，即中介、调节作用在不同的模型阶段，因此为了更加详细地论证概念模型，并顾及样本量的运算效果，将模型划分为独立的四个阶段进行详细分析从而依次检验相应的结果：

阶段一是针对服务化绩效实现的主要路径进行关系探讨，观察在不考虑质量管理实践要素影响时表现出的直观关系效果（见图3-4）。

阶段二是对质量管理基础实践中高层支持的直接作用进行探讨（见图3-5），这个直接影响过程并不涉及对其他变量影响的考虑，因此结果可以代表整体模型的最终效果。

阶段三讨论的是质量管理基础实践的其他要素（员工管理和顾客关系管理）在服务导向与服务创新能力间发挥的中介作用（见图3-6），在这层关系的自变量与因变量上同样不再涉及其他变量影响，分析结果可以代表整体结构模型的该部分关系分析结果。

阶段四为质量管理核心实践要素（服务过程管理和持续改进）在服务创新能力和相应绩效表现间的调节作用（见图3-7），为了更好地了解每个要素的具体调节效果，分别讨论了各自的调节效应，与第二、三阶段相同，该阶段的自变量、因变量明确且不再涉及其他直接影响，因此结果也能反映整体结构模型在调节作用上的分析结果。

于是，阶段一与阶段二中涉及的是直接关系分析，阶段三为中介作用分析，而阶段四为调节作用分析。在每个分析过程中使用SmartPLS 3软件都将包括两个必要的步骤：第一步是通过软件中的PLS运算方法（pls algorithm）运行各个具体模型，分别计算得到标准化的路径系数（path coefficients）和相应的R^2；第二步则是通过软件中的自助法（bootstrapping），将重复抽样子样本数设置为建议的5000[228,229]，检验各模型标准化系数在统计上的显著性，得到相应的t值与p值。因此，假设成立的检验指标包括路径系数在统计意义上显著（$t>1.96$），以及得到的R^2足够大（$R^2>0.67$具有较高解释能力，$R^2=0.33$左右表示中度解释能力，$R^2=0.19$左右代表解释能力较弱）。

（1）直接关系分析。

首先，对模型中服务化绩效实现过程的主效应进行分析。根据收集到的数据进行运算得到图3-4的主路径模型结果。结合图3-4与表3-8可以得到，服务导向到服务创新能力的路径系数为0.659且显著，故而假设H1成立，服务导向对服务创新能力有正向影响。服务创新能力到顾客反应的路径系数为0.563并且显著，假设H2也成立。模型中，被解释变量服务创新能力和顾客反应的R^2值分别为0.434和0.371，证明模型整体具备较强的解释能力，能够很好地反映客观规律。除此之外，SmartPLS软件还提供了对于整体模型适配度的检验指标，即标准化均方根残差（standardized root mean square residual，SRMR），当结构模型的SRMR小于0.08时，模型具有良好的适配度[230]。本书的结构模型通过运算得到的SRMR为0.063，同样支持了模型假设的成立。

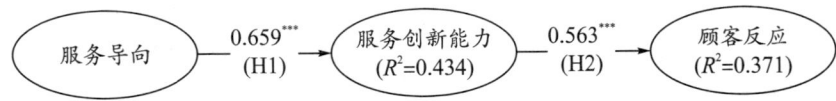

图3-4 服务化绩效实现主路径模型及检验结果

注：$^* p<0.05$，$^{**} p<0.01$，$^{***} p<0.001$。

3 质量管理实践要素与制造企业服务化绩效的关系研究

表 3-8 变量间直接作用路径分析结果

模型路径	标准化系数	t	p	R^2	结论
H1 服务导向→服务创新能力	0.659	7.824	0.000	0.434	关系显著
H2 服务创新能力→顾客反应	0.563	6.107	0.000	0.371	关系显著
H3 高层支持→服务导向	0.827	12.119	0.000	0.684	关系显著

接下来，对质量管理基础实践中高层支持要素的直接作用关系进行验证，关系模型如图 3-5。此处探讨的高层管理对服务导向的直接影响，因此只验证了两者的直接关系模型。相应结果也可在表 3-8 中查看。高层支持到服务导向的路径系数为 0.827 且显著，被解释变量服务导向的 R^2 值为 0.684，SRMR 为 0.080，故而假设 H3 成立，即高层支持对制造企业的服务导向氛围有显著的正向影响。

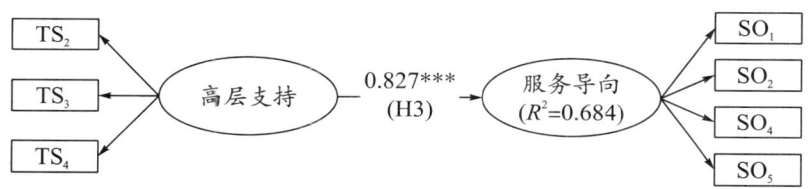

图 3-5 高层支持的直接影响模型及检验结果

注：* $p<0.05$，** $p<0.01$，*** $p<0.001$。

（2）中介作用分析。

在对 SEM 分析中的中介效应进行检验时，经常采用 Sobel 检定法（sobel test）[231,232]。但在样本量不够大或间接效果可能存在非正态分布的情况下，Sobel 就不再是最理想的检定方法，需要使用自助法（bootstrap）进行修正，而在探讨多个并行中介的多重中介效应时，Bootstrap 也是更适合的方法[233]。因此本书在检验中介作用时，主要借助 Bootstrap 方法运算结果查看变异解释（variance account for，VAF），即间接效果与总效果的百分比，来判断中介效果的强度[234]，同时参考 Sobel 检定法。VAF 值用来观察多重中介变量的总的中介效应，VAF<20% 表示无中介作用，20%<VAF<80% 为部分中介，而 VAF>80% 代表完全中介作用。而使用 Sobel 检定方法可以深入探知每个单独的中介效果是否显著成立，当 Sobel 检定中的 z 值即 Sobel z>1.96 时（$p<0.05$），中介作用即显著，若此时直接效应也显著则为部分中介，若直接效应不显著则为完全中介。

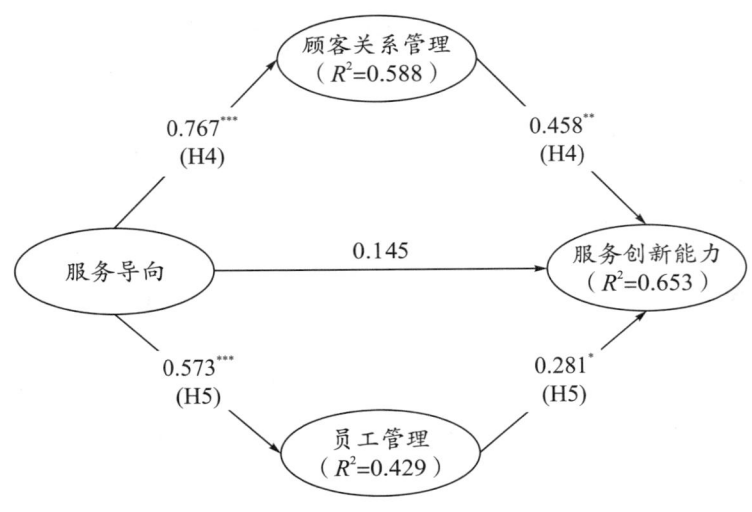

图 3-6 中介效应模型及检验结果

注：* $p<0.05$，** $p<0.01$，*** $p<0.001$。

基于以上原理，按照图 3-6 所示的中介模型运行计算，通过直观观察路径系数及其显著性，以及 R^2 值，可以得知包含中介变量的路径都成立。在此基础上，首先查看变量相对应的总效应（direct effect）与总间接效应（indirect effect）值，进而计算得到 VAF，具体结果可见表 3-9，得到总中介效应的 VAF 为 78%，在数值上接近完全中介指标。此外，通过两个中介变量的路径关系，得到了表 3-9 中所列 Sobel 检定的运算及结果，顾客关系管理中介作用的 Sobel z 值为 2.518，中介效应显著；员工管理的中介作用的 Sobel z 值为 2.095，中介效应显著；同时，回到图 3-6 和图 3-4，发现服务导向与服务创新能力间的路径关系由显著转变为不显著，可以认为，两个中介变量的加入起到了完全中介的作用。综合以上分析，VAF 显示的 78% 与完全中介判断建议值 80% 非常接近，而模型结果中显示的考虑中介后的直接作用效果已不再显著，因此认为质量管理基础实践中的员工管理和顾客关系管理确实在制造企业的服务导向与服务化创新的关系中发挥了至关重要的中介作用。

表 3-9 总中介效应检验

主要关系	中介变量	各自中介效果				总中介效果		
		路径	均值	标准误	Sobel z	间接效应	总效应	VAF
服务导向→服务创新能力	顾客关系管理	SO-RM	0.741	0.111	2.518	0.512	0.657	78%
		RM-SI	0.416	0.153				
	员工管理	SO-WM	0.562	0.118	2.095			
		WM-SI	0.329	0.141				

(3) 调节作用分析。

进行调节作用的分析时,需要在关系模型中分别添加"服务创新能力 * 服务过程管理"以及"服务创新能力 * 持续改进"的交互作用项,来建立相应的干扰模型从而验证调节效应,如图 3-7 中所示两个调节效应的检验模型。使用 Bootstrapping 方法对服务过程管理和持续改进分别进行调节作用的分析,观察两个交互作用项与结果变量"顾客反应"的关系是否显著。结合表 3-10 中调节效应的相关运算指标可知,服务过程管理涉及的交互作用对顾客反应的路径系数为 0.254,并且在统计意义上显著,被解释变量顾客反应的 R^2 值为 0.557,SRMR 为 0.052,即服务过程管理在此产生了干扰效果,因此判断调节效应的存在,假设 H6 成立。同理,持续改进涉及的交互作用对顾客反应的路径系数为 0.243,并且在统计意义上显著,被解释变量顾客反应的 R^2 值为 0.553,SRMR 为 0.054,即持续改进在此产生了干扰效果,因此判断调节效应的存在,假设 H7 成立。

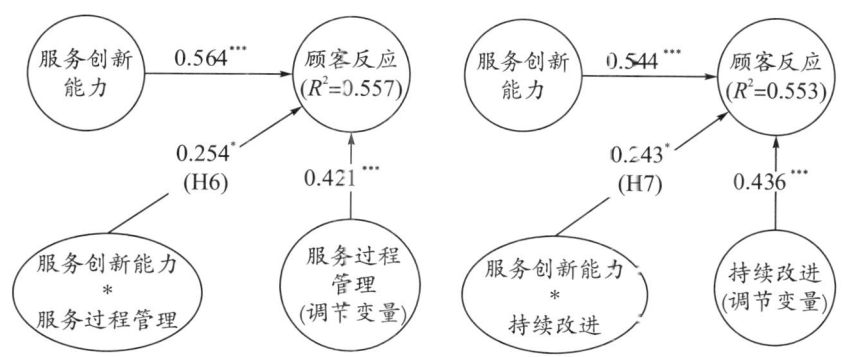

a 服务过程管理的调节效应   b 持续改进的调节效应

图 3-7 调节效应模型及检验结果

注:* $p<0.05$,** $p<0.01$,*** $p<0.001$。

表3-10 调节效应检验

	模型路径	标准化系数	p	R^2	结论
调节作用	H6 服务创新能力 * 服务过程管理→顾客反应	0.254	0.016	0.557	作用显著
	H7 服务创新能力 * 持续改进→顾客反应	0.243	0.012	0.553	作用显著

3.5 研究结果讨论

本书目的在于揭示制造企业在进行服务化转型时，以保障企业运作效率为目标的质量管理实践能否影响服务化的绩效获取，不同实践要素是如何为服务化战略成功实施提供支持的。为此，研究主线关注了从企业的文化导向，到服务化的实施核心，再到最终的绩效影响。经过系统的模型分析过程，本节针对分析结果进行的讨论主要包括两部分内容：一是制造企业的服务导向转变能否影响其服务创新能力，继而带来相应的绩效影响；二是制造企业服务化过程中的质量管理实践是怎样影响服务化绩效实现的。

3.5.1 制造企业服务化的绩效实现

"服务导向"是对企业文化及战略层面的描述，指从理念上注重顾客的需求和价值创造，可以认为是服务化实施的抽象基础，也是必要前提。"服务创新能力"则是企业对于新服务的创造力和已有服务不断调整以适应顾客需求变化的能力，服务化对于制造企业来说本来就是一种业务模式和组织结构上的创新，而服务创新能力既是企业进行这种创新的执行能力，也是企业在服务化活动上给予资源支持的表现。而"顾客反应"作为组织的绩效表现之一被引入本书，这一概念既反映了企业活动对于顾客感知的影响，又表现了由于顾客感知变化带来的消费行为变化，以及由此产生的销售影响。顾客的反应行为作为企业行为的最直接影响和效果体现，既是企业非财务绩效的一个表现方面，也是企业财务绩效的一个重要影响因素。

针对以上服务化转型过程中的相关概念进行实证分析，结果表明，服务导向与企业的服务创新能力之间存在显著的正向关系，具有服务导向文化的企业在服务创新能力上表现更佳。因为在制造企业开发服务型创新业务时，为了能够成功开展并且获得顾客的正向反馈,产生相应的绩效,企业需要足够的资源支持和一致的战略意识来不断激发并保障创新活动。从服务化转型本质上来讲,企业整体的服务导向氛围是一切服务化转型活动成功开展并获得效益的基础,因为服务导向的企业氛围能够促进组织及员工以顾客价值为核心不断进行创新,切实提高企业的服务创新能力,跨越挑战实现服务化。实证研究也进一步确认,制造企业的服务创新能力的确与顾客反应这一绩效表现有显著的正向相关关系。作为服务化战略的具体实施体现,服务创新能力代表着企业服务化推行的力度,而根据已有研究的普遍观点,服务化转型是制造企业在服务经济时代的激烈市场环境下增强竞争力、提升效益的重要途径,而这一优势的获取大多基于以顾客价值为中心,对顾客需求的满足。因此,制造业的服务化创新对企业绩效有显著的正向影响,究其本质在于服务化创新的实施能够影响顾客的感知和行为,也就是带来与顾客行为相关绩效的提升。而服务创新能力的增强使企业更加具备满足顾客个性化或高水平需求的条件,并根据市场和顾客需求的变化不断做出优化和调整,最终获得更高的顾客满意度、更多的潜在顾客和更多消费意愿。以上研究发现揭示了当制造企业进行服务化时,整个组织的服务化导向对于服务创新能力的重要性,以及制造企业在服务化创新能力较强时确实会对组织绩效产生积极影响。

3.5.2 质量管理实践对服务化绩效实现的影响

本章重点探讨了质量管理实践在服务化绩效实现过程中发挥的作用。现有研究对于质量管理的含义存在多种解释,覆盖多重实践维度,但都涉及人的因素、顾客与供应商、流程与控制等方面的内容[235]。在本次研究针对企业的服务化业务,主要从基础实践(高层支持、员工管理、顾客关系管理)和核心实践(服务过程管理、持续改进)两个方面考虑了质量管理实践几项重点要素的不同作用。

分析结果显示,质量管理基础实践在制造企业的服务导向文化建立,以及促进服务创新能力方面产生了积极影响。因为基础实践在于塑造追求顾客价值与质量表达的整体环境,所以在服务化实施基础层面给予了所需要的氛围和资源支持。尤其是高层支持,代表着企业领导层面对追求卓越、响应市场需求、提高效率并保证质量传递的重视。因此直接影响着制造企业思考变革,帮助服务导向的形成,能够为服务化战略实施巩固管理基础。又因为质量管理与服务化有着同样的顾客价值追求,于是质量管理实践中的高层支持使企业形成信任、开放、创新的氛围[236]，从而也促使了面对市场变化时服务导向组织的产生。基础实践中的其他两项实践（员工管理、顾客关系管理）则表现为企业的服务导向得以实现，形成企业服务创新能力的中介作用。服务导向同高层支持一样，发挥着引导组织整体氛围、激发员工参与的作用。因此在服务导向的组织氛围下，企业服务顾客的意识以及对顾客的关注可以激发员工自觉地探索、挖掘顾客的潜在需求，通过前瞻性创新活动开发新业务以满足顾客需求[237,238]。积极的员工激励和员工参与是促使创新活动从个体层面上升到企业层面并得以实践的基础，于是质量管理实践中对于员工管理的理念能够促进质量创新工作的同时，也是对具有服务化升级目标的企业在服务创新能力上的促进。组织的服务导向激发了对于顾客更多的关注，相应的，质量管理中强调的顾客关系问题也是对企业服务创新的灵感来源。一方面，由于企业进行服务创新是目的在于努力满足顾客需求，因此具备良好顾客关系管理机制的企业更善于顾客信息的获取和顾客期望的满足，在这种精准了解顾客期望、努力提供愉快满意的顾客体验的目标下，有助于企业和员工不断发展创新实践，根据顾客需求和反馈设计并改善业务，提升服务创新能力；另一方面，强调服务导向的企业，更易与顾客实现积极互动和双向参与，能够让顾客参与到服务创新过程中，对于企业的服务创新的发展和服务创新能力的提升起到了促进作用[83,203]。由此可见，在制造企业的服务化战略由服务导向理念向服务创新实施的过程中，质量管理基础实践起到了相当关键的积极影响与中介作用。

而质量管理核心实践则在制造企业进行服务化发展时通过服务创新能力成功实现绩效提升的过程中起到了相应的保障作用。创新活动都存在一定的风险，制造企业的服务创新及相应的服务化转型更是如此。新的业务不代表可以收获顾客的良性反馈，而符合顾客预期的才能获得顾客青睐。服务创新的目的是满足顾客需求，而满足顾客需求就是现代质量观的具体含义，因而质量过关才意味着顾客满意，无论是对有形产品还是无形的服务。作为质量管理核心实践的服务过程控制和持续改进，分别体现了企业对于新开发的服务业务的控制能力，以及面对市场和需求的不断调整能力，是组织质量意识的具体实施，因而决定着服务的可靠性和顾客感知的结果。对于服务过程的质量管理，是企业在新业务开发后，对新业务实现满意交付的全过程关注程度的真实表现，是创新服务能够顺利开展并取得相应绩效的前提条件，帮助企业新开发的服务业务能够赢得较高的顾客满意度。而持续改进的相应活动，是在业务传递或顾客感知过程中出现偏差后及时地根据顾客期望或质量目标做出调整的有力武器，更是服务化的企业面对不断变化的顾客需求，使服务创新结果更有效的保障，通过不断调整所提供服务的传递效果，努力靠近顾客预期，从而帮助企业的服务化创新实现绩效。因此，从关注实现质量的角度对服务过程的管理和不断改进对于服务化创新的市场结果非常重要，通过分析结果可知，服务过程管理和持续改进都对服务创新能力与相应的顾客反应表现出的绩效结果之间的关系起到正向调节作用。也就是，注重管理服务过程质量并积极关注质量改进的制造企业，在进行服务化转型实践时，能够保障更好的顾客反馈和更好的绩效表现；而对于忽视过程管理和持续改进的企业，由于质量表现不佳，顾客对业务的质量感知无法契合其期望，往往会增加业务失败的风险，创新的服务业务的绩效反馈较不明显。

通过以上关系的印证，不难总结出，在服务化活动的具体实施过程中，质量管理基础实践在企业内部是服务化理念能够得以表现并加以执行的推动力，而质量管理核心实践在企业外部面对顾客时服务业务能够满足顾客获得绩效的支持。综合以上分析可以看出，企业的质量管理实践在运营层面成为制造企业服务化活动高效推行并保障绩效的重要条件。尤其在服务化趋势逐渐向更深层次发展的市场背景下，企业已经不能仅凭基本的产品相关服务获取效益，不断增加的服务业务比重、持续创新的服务业务形式，更需要相应的质量管理实践的支持。

经过本书实证结果的分析，可以得到两点贡献。首先，经过严格的研究过程，验证了制造企业的服务化导向对于企业绩效的正向影响，并根据服务化战略推进的必要过程，确认了服务化创新是从企业理念或文化层面，到服务创新的实施能力，再到与顾客反应相关的绩效反馈的传递过程。经过相关假设的验证，使服务型制造对企业绩效的积极影响不再抽象，更加体现了这一观念的逻辑性，补充了服务型制造与企业绩效关系研究领域的实证内容。其次，本书揭示了在服务化战略实施过程中，对实施效率和结果具有较大影响的企业运营要素——质量管理实践的积极作用。质量管理实践中的基础实践从企业内部助力服务导向的氛围形成以及服务化战略的行动表现，使组织到个体层面都能以顾客为出发点，积极获取顾客信息和资源支持，促进服务化战略的细化和实施。而质量管理实践中的核心实践是从企业的外部表达上以实现质量目标为最终目的，在实施服务创新的过程中确保真正满足顾客需求，保障服务化行动的实施效率与效果。这两类要素将顾客作为一头一尾，真正实现了企业运营过程中的闭环，因此，本书也在质量管理实践对服务型制造的绩效影响方面提供了研究新思路。

3.6 本章小结

本章根据质量管理实践对服务化绩效实现过程的具体影响这一关键问题，进行了相应的实证研究。通过总结已有研究和实践经验提出假设，认为制造企业的整体服务导向是实施服务化的基础，并影响着企业的服务创新能力，而服务创新能力是服务化转型获得相应绩效的关键前提；同时，由于顾客感知是对企业服务化的直接评价，故而与开发和满足顾客需求相关的质量管理实践，在制造企业进行服务化创新时与绩效实现存在重要的关联，并且不同的时间要素将在服务化表现的不同阶段产生对应影响。而后根据文献基础进行了问卷设计与调查，对数据进行初步的描述性统计后，首先对最初的测量量表进行了量化分析，从而修正测量指标，以保证假设和整体模型分析的有效性，而后经过测量模型分析，在测量量表的信效度通过验证后，展开了具体的结构模型即研究假设的实证分析过程。通过量化分析，证实了制造企业的服务化创新从企业层面的理念意识到顾客相关绩效实现的主要路径；同时也验证了对于保证企业运营效果非常重要的质量管理实践对服务化实施绩效结果的重要作用，得到基础实践在服务化的企业内部推行过程中起到了直接和中介作用，核心实践在服务化的企业外部表达上的顾客相关绩效获取过程中起到了重要的调节作用。本章最后对相关实证研究结果及意义进行了详细讨论。

4 制造企业服务质量的评价及其绩效影响研究

由上一章的研究结论可知，企业服务化战略实施时，质量管理实践的各要素将会对顾客相关的企业绩效结果产生积极的影响。制造服务化经验中总结出的挑战也表明，单纯依靠服务创新能力与行为不一定能保证服务化实施效果，而服务创新实施后对于服务质量的管理是创新服务能够带来顾客支持的关键，因此本章的研究重点在于面对制造企业提供服务业务时的质量管理结果表现，也就是服务质量，理解制造企业服务质量的评价方法，并验证服务质量与制造企业绩效的关系。

在服务化迅速发展的同时，21世纪以来信息技术的不断更新也极大地促进了制造业与服务业的融合，大量的制造企业开始借助信息技术或物联网技术等手段为顾客提供多种服务业务，例如海尔、联想的线上服务社区，以及通用汽车、丰田的车联网服务等。数字基础设施的不断扩展、移动互联的无处不在，都使得信息技术型服务成为制造企业为顾客提供服务时最常见、便捷与高效的形式。于是本书从制造企业所提供服务的视角出发，关注服务化过程中质量管理的关键结果"服务质量"的内涵及其产生的绩效影响。与传统服务行业不同的是，制造企业所提供的服务往往根据行业和服务目的的不同具有不同的特点和顾客交互形式，因此在探讨相应的服务质量时也需要根据具体业务环境的不同进行针对性调整。本书以汽车制造企业的典型服务化业务"车联网服务"为例，探讨这类远程车载服务的质量形成与具体评价，通过定性与定量分析结合的实证研究方法，从顾客感知的角度，经过测量项开发、质量维度分析、量表形成与检验等研究过程，最终得到该类服务质量的维度构成和量化评价量表。进一步，应用这一量表验证制造企业所提供的服务质量对企业绩效的具体影响路径，再次明确制造企业对于服务质量加以重视和管理的重要意义。

4.1 研究对象的概念界定

随着信息技术的不断发展和高新技术产品的不断产生,许多产品已不再只有简单的物理属性,而是成为制造商或服务商提供服务的载体,一方面促进了企业的服务化创新,另一方面也使顾客对于消费的内涵有了更多理解,影响了整体的质量感知。在这一背景下,服务不仅是产品质量的弥补者,也成为企业间差异化竞争和整体质量表现的关键。因此制造企业在提供服务业务时,不仅需要考虑服务的质量管理问题,更要关注服务质量在绩效方面产生的影响。而对于服务质量的有效管理,其基础在于明确服务质量的具体内涵,从而精确测量服务质量以便更好地了解顾客感知情况。目前传统服务领域的质量测量维度已较为明确,但与传统服务行业不同,制造企业在提供服务时不仅要考虑员工顾客间的交互问题,还会涉及产品本身的属性特点,以及很多情况下的人机交互问题。因此,制造企业的服务质量含义及其测量会因行业或服务目的、环境等的不同而存在差异,不能借用传统服务形式的测量体系,也无法形成各行业完全统一的测量标准,需要针对具体对象加以分析。本书将以一项具体的制造企业服务业务为例,进行制造企业的服务质量量表开发,为类似服务的质量概念形成和测量提供参考。

在制造业中,汽车制造行业是最早开始探索服务提供以及强调服务效果的典型行业之一,尤其在信息技术飞速发展、顾客需求不断提高的环境下,汽车制造商更加注重顾客的产品使用体验和驾驶辅助性服务业务,进而促生了物联网环境下车联网服务的发展和普及。因此车联网服务是典型的通过信息技术加载于产品而发展出的制造业服务类型,汽车制造商通过自身或联合其他服务商,将业务向远程服务拓展,使车辆成为提供驾驶辅助服务的终端[239],形成物联网系统中的关键环节。从概念上讲,车联网(telematics)服务就是汽车制造企业借助信息技术、道路电子系统以及车辆开发的远程信息处理服务,可以帮助驾驶员在驾驶过程中通过互联网实时获得具体位置、车辆状态和道路信息,并享受各种多媒体服务与社交媒体资源,因此,车辆成为提供信息和网络服务、保障安全的数字化平台的实物体现[240]。典型的车联网服务如通用汽车推出的安吉星(OnStar)系统,包含碰撞自动求助、紧急救援服务、道路救援协助、车辆报警、被盗协助、人工导航、兴趣点导航、远程诊断、经销商主动维修提醒等服务,使驾驶更加安全并充满乐趣[241,242]。近年来,车联网的服务形式在全球发展迅速,顾客在购买汽车时已普遍接受并期待这类便捷的远程辅助性服务，成为各大汽车制造商在市场竞争中的关键点。

然而正如上一章所证明，当服务能够为顾客带来所期待的价值时，就不再是作为产品的补充，而是成为消费的重要一部分，影响着企业的整体效益。例如福特（Ford）公司很早就尝试借助电子技术提升顾客驾驶体验，曾在"MyFord Touch"系统推出之初作为其重要竞争优势，但随着后期投诉的日益增长，公众对于福特汽车整体质量评估严重下滑，直到其改善了MyFord Touch的客户体验[243]。由此可见，车联网服务作为信息技术下制造企业服务创新的一种重要形式，能够保障企业获得市场竞争优势，而相应服务质量状况会影响该优势的保持和最终企业绩效。因此本章对车联网服务的质量内涵及测量进行了实证研究，在验证量表有效性的同时，再一次通过实证数据确认了服务质量作为服务化企业的质量管理对象之一，对企业绩效将产生显著影响。

4.2 服务质量测量量表开发与检验

对于服务质量的研究范式如文献综述中所回顾，逐渐发展成熟，但服务领域的差异性使得各领域的研究仍在持续更新，特别是新兴服务形式下，服务质量将成为其他理论研究的基础，具有很高的理论和实践价值。在市场营销、组织行为及心理学等研究领域已有的规范研究[149,244,245]指导下，本书按照成熟量表开发过程探讨了车联网服务质量涉及的维度，形成并检验了车联网服务质量测量量表。具体步骤包括测量项开发、数据收集和量表精炼、测量维度归纳与量表确定以及量表可靠性检验。

4.2.1 量表潜在测量项开发

根据对大量现有关于服务质量测量量表开发文献的回顾，可以明确量表开发的首要任务是对潜在的测量项进行尽可能丰富的收集与积累，以保证最终测量体系的全面性。对于量表潜在测量项的获得，多采用定性研究方法，包括两类主要路径：一是通过对类似背景下的已有相关文献进行深入研究，归纳总结得到可能的量表结构和测量维度，并根据这些拟构维度的相关研究明确维度定义与测量范围，广泛借鉴总结潜在测量项目，常见方法如扎根理论方法（grounded theory method）[246]；二是通过实地研究收集大量一手资料，归纳研究对象在现实情境中的真实表现与特征，进而抽象出测量要点以及对应的潜在测量项，常见方式包括观察、访谈等直接研究形式。在实际研究过程中，这两种手段常常结合使用，互相补足，以达到高效并且全面的潜在测量项开发目的。

由于车联网系统是汽车工业中产生的新型服务形式，已有研究中对其讨论尚少，尤其从服务质量的测量与评估角度的研究更是鲜有涉及，这就使基于已有研究的文献研究方法无法支撑测量项开发过程。同时，本书在讨论车联网系统的服务质量时从用户感知的角度出发，因此潜在测量项的开发以用户访谈得到的一手资料作为研究重点，更利于获知服务质量测量关键点。而另一方面，为了能够全面并且客观地反映车联网系统在服务质量方面需要关注的要素，本书以相关文献的深入研究作为辅助来源，通过对自服务系统（self-service）、混合服务系统（hybrid service）等借助信息技术提供服务的类似服务系统的服务质量测量研究[151,153]进行分析，明确信息技术型服务等质量测量范围，作为潜在测量项开发的理论基础的同时，也可以对访谈获得的潜在测量项加以补充。

以已有服务质量测量研究及车联网概念文章作为理论基础，本书展开了对车联网系统用户的一对一深度访谈。访谈对象招募自国内最大的车主互动平台之一——"汽车之家论坛"（club.autohome.com.cn），受访者需要确认拥有丰富的车联网系统使用经历（连续使用6个月以上）。最终遍布不同汽车品牌的20位用户参与了此次深度访谈，每位受访者接受至少1小时访问。访谈过程中，受访者被要求回忆他们使用车联网系统的所有经历，并被问及"对车联网服务的整体感受""满意和不满意的因素""哪些体验令人感到愉快甚至兴奋""哪些体验令人感到困扰甚至厌烦""会影响车联网服务质量的因素和事件"等大量感受类问题[151,159,247]。除此之外，还深入谈论了车联网系统中各类服务功能的使用感受，比如音控导航、紧急救援、远程诊断、道路援助、远程控制、人工服务等，全面了解用户对车联网服务的感知情况。并依据已有文献的归纳，对未提及的潜在维度进行启发式交谈。经过对访谈资料的文本化处理和文本分析，对每位受访者的访谈内容提取观点性描述，而后邀请五位质量管理方向研究生将20位受访者提取到的观点进行比对，归集含义相同的表达。最终，提取出能够反映车联网服务质量各个方面的112条描述，作为初始的潜在测量项用于后续的测量量表研究。

4.2.2 数据收集与测量项精炼

得到车联网服务质量测量的潜在测量项之后，需要进行进一步的分析，将测量项整理为实施性和可读性较强的问卷，通过问卷调研的形式获取数据，根据数据进行量表结构的研究。

（1）问卷设计。

为了保证调查问卷的可实施性与可读性，初始的112个潜在测量项必须经过适当的合并、删减及反复的语义推敲、修正。研究过程中，六名质量管理方向博士生参与了两轮测量项精简归类工作，每个测量项被打印在一张卡片上。第一轮在侧重测量项归类的同时进行初步精简，需要将这112张卡片中，语义类似的归为一堆，语义相同或可相互替代的仅保留一个。经过六份结果的比对与相互讨论，结合已有文献作为参考，最终63张卡片被保留下来，初步可归为七类，可总结为拟构的七个测量维度：易用性、设计性、系统可靠性、信息质量、安全性、个性化以及远程人工服务。

第二轮重在进一步剔除冗余测量项，六名博士生需要在已定七个类别的基础上将63张卡片进行分类。只有在六份结果中都显示严格属于相同类别的才予保留，以此来保证最终问卷中测量项的严谨性，结果显示42项测量项被筛选出来。

将包含42个测量项的问卷初稿交由多名车联网行业从业人员进行调整和修正，以确保用语的准确性和题项设置的合理性，确保表达清晰并排除歧义。包括量表测量项在内，最终问卷共涉及以下四部分内容：第一部分，问卷导语，是对调研主题、目的、对象及调研中所涉及相关概念的说明；第二部分，被调查者个人基本信息，包括性别、年龄、车型、使用的车联网系统等；第三部分，车联网服务质量测量项，即前文所述筛选出的服务质量测量项；第四部分，用户满意度和忠诚度测量项，从已有研究中借鉴得到，用以进行数据分析，并验证测量量表的效果。整个问卷采用李克特（Likert）七级量表打分法进行测量，以达到足够的测量精度和可靠程度。被调查者根据主观感知来评价问卷中所列题项的陈述内容与实际感受的相符程度或对题项陈述的同意程度，若"完全不相符"或"非常不同意"，则评分为"1"；若"完全相符"或"非常同意"，则评分为"7"；符合或同意程度越高，则分数越高。为了确保问卷填写效果，在正式的问卷调查之前，首先选择十名用户进行了预调研，并根据他们的反馈意见再一次对问卷内容、格式进行了完善和调整。最终问卷具体内容见附录Ⅱ。

（2）数据收集。

为了高效且大范围锁定车联网用户，问卷调查选择在第十四届北京国际汽车展览会上进行。调查采用面对面填写问卷的方式，随时可以与发放人员沟通题项理解问题，被调查者在填写问卷后可获得20元现金奖励。为保证样本的随机性,由六名研究小组成员在车展会场通过随机拦截的方式寻找调查对象。为保证回收问卷的有效性,在被调查者填写问卷前,需要确认其有熟练使用车联网系统的经历。

车展结束后共回收问卷324份,通过对问卷回答情况的检查、筛选,确认有效问卷256份,问卷有效回收率为79%。共68份问卷由于以下原因被剔除:①问卷未能全部填写完整;②连续多题甚至全部题目评分相同;③在基本信息中选择的车型与选择的车联网系统不匹配,认为出现谎称行为。此次问卷调研的样本涉及了搭载有车联网系统或提供车联网服务的十余个汽车品牌。对于问卷基本信息的样本特征统计如表4-1所示,通过各项基本信息的统计可以认为,性别、年龄、汽车品牌等特征分布较为均匀,样本具有一定的研究代表性。

表 4-1 样本基本特征统计(n=256)

		人数	百分比
性别	男	168	65.63%
	女	88	34.37%
年龄	20 岁以下	0	0.00%
	20~30 岁	97	37.89%
	30~40 岁	115	44.92%
	40~50 岁	33	12.89%
	50 岁以上	11	4.30%
汽车品牌	别克	57	22.11%
	大众	49	18.95%
	福特	22	8.42%
	雪佛兰	20	7.89%
	荣威	14	5.26%
	观致	11	4.21%
	英菲尼迪	13	5.26%
	凯迪拉克	9	3.68%
	沃尔沃	9	3.68%
	长城	9	3.68%
	宝马	8	3.16%

续表4-1

汽车品牌	奥迪	人数	百分比
	奥迪	5	2.11%
	其他	30	11.58%

(3) 量表测量项精炼。

按照成熟的量表开发范式，研究采用重复性的探索性因子分析（exploratory factor analysis，EFA）方法对问卷中涉及的测量项进行定量分析与筛选，剔除不合逻辑与归属不清晰的测量项，并根据数据结构初步判断测量维度的划分。EFA 具体原理可见 3.3.2 节。

由于本书是对车联网服务这一新型服务类型进行全新的服务质量测量量表开发，没有可以完全借鉴的测量维度和测量题项，需要经过反复并且严格的探索性研究精炼量表测量项，同时划分测量维度。本书使用 SPSS 22 软件对收集的问卷数据进行分析。采用交叉正交旋转下的主成分分析法对问卷中原始的 42 个测量项进行探索性因子分析。首先进行 KMO 和 Bartlett 球形检验，结果显示 KMO=0.907，大于建议值 0.7；Bartlett 检验 $p=0.000$，小于建议值 0.01，因此表明数据适合进行因子分析。

表 4-2 探索性因子分析结果

维度	测量项	因子 1	因子 2	因子 3	因子 4	因子 5	因子 6	CITC	Cronbach's α
使用效率	E_1	0.761						0.657	0.895
	E_2	0.779						0.630	
	E_3	0.693						0.679	
	E_4	0.722						0.640	
系统可靠性	SR_1		0.717					0.670	0.890
	SR_3		0.750					0.668	
	SR_4		0.762					0.632	
	SR_5		0.706					0.640	
信息质量	IQ_2			0.775				0.651	0.871
	IQ_3			0.750				0.577	
	IQ_4			0.768				0.593	
	IQ_5			0.733				0.509	

续表4-2

维度	测量项	因子 1	2	3	4	5	6	CITC	Cronbach's α
安全性	S_1				0.805			0.652	0.917
	S_2				0.758			0.643	
	S_3				0.849			0.621	
	S_4				0.781			0.538	
个性化	C_1					0.661		0.592	0.879
	C_2					0.622		0.621	
	C_3					0.716		0.572	
	C_4					0.775		0.528	
	C_5					0.798		0.520	
	C_7					0.748		0.596	
远程人工服务	CC_1						0.774	0.667	0.918
	CC_3						0.785	0.665	
	CC_5						0.781	0.653	
	CC_6						0.720	0.604	
	CC_7						0.761	0.606	
	CC_8						0.811	0.617	

在迭代的因子分析过程中，本书使用的测量项剔除规则包括"在所有因子上的载荷小于0.5"以及"在两个及以上因子上存在载荷大于0.4"[218]。经过多次测量项筛选探索，最终14个项目被剔除，提取得到六个因子。经过测量项对比分析，发现提取出的六个因子中，多数与问卷设计时拟构的维度相符合，但拟构维度"易用性"和"设计性"中的测量项被归属到同一因子下，通过反复的语义推敲，认为这一因子反映的是系统通过良好的用户界面设计而达到的易于使用的效果，因此可以重新给这一融合后的维度（因子）命名为"使用效率"。其他五个维度（因子）均可借鉴相应的拟构维度命名。

探索性因子分析结果如表4-2所示。通过分析，在测量量表中保留了28个测量项，六个因子总的累计方差解释达到73.80%。随后，对这个初步筛选出的测量量表中测量项计算校正的项目总相关系数（corrected-item total correlation，CITC）进行检验，来验证一个维度下每一测量项与维度总体的相关程度,结果同样展示于表 5-1,均大于建议边界值 0.5[221]。同时,对六个维度分别计算 Cronbach's α 系数,大于 0.7 则证明该维度的内部一致性较好[218],表 4-2 中的结果显示六个维度 Cronbach's α 值介于 0.871 到 0.918 之间。

4.2.3 测量量表确定

(1) 验证性因子分析。

为了进一步验证测量量表的维度结构,还需要进行反复性的验证性因子分析(confirmatory factor analysis,CFA),通过继续剔除不显著测量项以保证每个维度内的测量项能够准确、合理代表该维度且无冗复,同时验证维度间结构的合理性。本书使用 AMOS 22 软件对包含 28 个测量项、六个维度的初步生成量表进行计算与分析,检验图 4-1 所示变量相关形式的测量模型拟合效果。

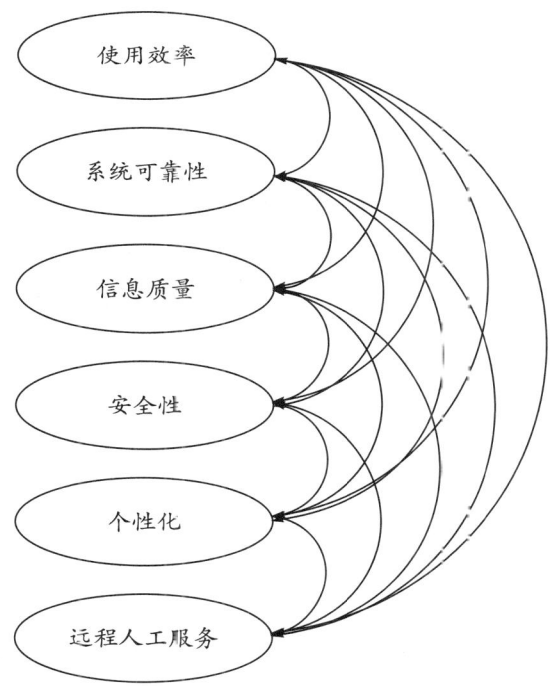

图 4-1 车联网服务质量测量模型的 CFA 结构

根据每次分析输出结果中的模型修正指标(Modification indices,MIs)

以及测量项的因子载荷值，删除交互作用较大或不显著的测量项。尝试逐一剔除因子载荷小于 0.6 的项以及使修正指标数值变化较大的项，反复进行对比分析。经过迭代的分析过程，六个测量项（IQ_4，S_2，C_2，C_3，CC_1，CC_6）被逐一剔除。最终的测量量表及相应的测量项见表 4-3 所示。

表 4-3 验证性因子分析结果（量表最终测量项）

维度	测量项	因子载荷
使用效率	E_1	0.856
	E_2	0.836
	E_3	0.816
	E_4	0.797
系统可靠性	SR_1	0.812
	SR_3	0.870
	SR_4	0.845
	SR_5	0.755
信息质量	IQ_2	0.939
	IQ_3	0.856
	IQ_5	0.722
安全性	S_1	0.912
	S_3	0.911
	S_4	0.756
个性化	C_1	0.705
	C_4	0.809
	C_5	0.786
	C_7	0.812
远程人工服务	CC_3	0.793
	CC_5	0.851
	CC_7	0.779
	CC_8	0.761

注：通过验证性因子分析剔除测量项 IQ_4，S_2，C_2，C_3，CC_1，CC_6。

对最终的测量量表作测量模型拟合验证，模型拟合结果显示效果良好，其中，卡方与自由度之比 $\chi^2/df=1.558$，拟合优度指数 GFI（goodness of fit index）=0.906，调整的拟合优度指数 AGFI（adjust goodness of fit index）=0.878，非规范适配指标 TLI（tucker-lewis index，也称 non-normed fit index）=0.965，比较拟合指数 CFI（comparative fit index）=0.971，近似误差均方根 RMSEA（root-mean-square error of approximation）=0.047。以上六个指标的建议值可见表 4—4。

表 4—4 拟合指标建议值及测量模型拟合结果

模型拟合指标	建议值	模型拟合结果
χ^2/df（卡方与自由度之比）	<3（Hair et al.，2010）[218]	1.558
GFI（拟合优度指数）	>0.8（Robert et al.，1997）[216]	0.906
AGFI（调整的拟合优度指数）	>0.8（Robert et al.，1997）[216]	0.878
TLI（非规范适配指标）	>0.9（Hu & Bentler，1999）[217]	0.965
CFI（比较拟合指数）	>0.9（Gerbing & Anderson，1992）[248]	0.971
RMSEA（近似误差均方根）	<0.08（Byrne，1998）[249]	0.047

（2）质量维度解释。

通过问卷调查及相应的实证分析，最终得到的车联网服务质量测量量表包含六个维度，共 22 个测量项。通过总结 22 个测量项的内容与含义，确认了前文中拟构维度使用的名称较为合理，即使用效率、系统可靠性、信息质量、安全性、个性化、远程人工服务。

使用效率。测量的是车联网系统的易用方便程度，以及访问和使用时的反应速度。具体而言，就是各个功能可以简单并迅速地开启和使用，系统与界面设计也可以让用户快速找到并满足他们的需求。该命名来源借鉴于已有文献[149,152,250]。

系统可靠性。测量的是车联网系统的可靠性和各功能的稳定性。也就是说，车联网系统中的各项服务是稳定可靠的，不会中断或死机等，还包括对用户要求以及操作的精准识别和快速反应。类似于已有文献中提及的技术准确、可靠、无差错[137,149,251]。

信息质量。指车联网服务提供者所提供信息的质量。车联网系统中所提供的信息要求具备实时性、准确性、充足性等特征，无论是车辆相关信息还是其他外部信息[252,253]。

安全性。是指对技术和信息的感知安全性，不需要担心系统入侵、欺诈、个人信息泄露等安全问题发生。在感知质量时，用户对于滥用个人信息和先进信息技术带来的信息风险的考虑至关重要[151,152]。

个性化。体现的是满足用户个人需求偏好的程度。比如用户对系统中功能和界面能够进行个性化设置的需求。这一特征也体现在很多信息技术为手段的服务中[151,254]。

远程人工服务。反映了呼叫中心在提供远程人工服务时的服务质量。作为车联网服务的人工交互平台，呼叫中心员工的远程服务态度、服务效率、服务能力以及沟通能力都会影响用户对服务质量的评价。对于车联网系统，由于很多与呼叫中心的远程沟通都涉及驾驶帮助或是紧急救援，远程人工的服务质量就显得更为重要[152,255,256]。

4.2.4 服务质量量表可靠性评估

经过数据分析，得到了具体的车联网服务质量测量量表，为了验证质量量表的普适性，最后是对量表的应用可靠性进行检验，包括信度检验和效度检验。信度（reliability）分析就是检验测量量表所测量结果的可信度和测量指标的一致性，信度越高表明该量表在使用时越可靠。效度（validity）分析是检验测量工具对测量对象能够真实准确反映的程度[221]。效度越高意味着该量表的测量结果准确性越高。

（1）量表信度检验。

检验量表信度的工具有很多种，本书采用较为常用的两种内部一致性评价指标，Cronbach's α 系数和组合信度（composite reliability，CR）来评估。CR 值与 Cronbach's α 系数的计算方法可参见 3.4.1 节。当 Cronbach's α 系数大于 0.7 时，说明量表的信度可以接受；同样，CR 值超过 0.7 时，也证明量表具有良好的信度[218,257,258]。信度检验结果如表 4-5 中显示，各维度的 Cronbach's α 系数在 0.858 到 0.895 间变化，而 CR 值在 0.860 到 0.897 之间变化。

表 4-5 量表信度检验结果

维度	信度检验	
	Cronbach's α	CR
使用效率	0.895	0.896
系统可靠性	0.890	0.892
信息质量	0.873	0.880

续表4-5

维度	信度检验	
	Cronbach's α	CR
安全性	0.893	0.897
个性化	0.858	0.860
远程人工服务	0.870	0.874

（2）量表内容效度检验。

内容效度检验也称表面效度检验，用以衡量测量项是否能充分反映测量对象的内容范围。本量表开发研究在设计之初就进行了广泛的文献积累，成为访谈、问卷研究时概念框架和措辞的理论基础。在最终量表逐渐形成的过程中也有多名质量管理研究方向的硕、博士研究生和车联网从业人员对测量项及描述进行反复斟酌与完善。根据这些规范的开发步骤，可认为本次量表开发结果具有良好的内容效度。

（3）量表结构效度检验。

结构效度检验用来说明量表中的测量项能否有效反映所测量概念，是同一维度下各测量项的相关程度和不同维度间区别程度的体现。通常涵盖了收敛效度（convergent validity）和区分效度（discriminant validity）两个方面。

收敛效度用来考察不同测量项在测量相同概念时的一致性，也就是同一测量维度下测量项的相关联程度。本书选取的检验方式包括：①标准化因素载荷大于0.7；②各维度下测量项因素载荷显著，即p值小于0.05；③平均方差萃取值（average variance extracted，AVE）大于0.5[221]。以上指标均可通过验证性因子分析所使用的模型进行计算。通过表4-6所示结果可知，所有测量项度标准化因素载荷在0.705到0.939之间波动，所有维度AVE值在0.607到0.745间波动，因此，各维度及相应测量项都满足了收敛效度要求。

表4-6 量表收敛效度检验

维度	测量项	标准化因素载荷	p	平均方差萃取值（AVE）
使用效率	E_1	0.856	0.000	0.683
	E_2	0.836	0.000	
	E_3	0.316	0.000	
	E_4	0.797	0.000	

续表4-6

维度	测量项	标准化因素载荷	p	平均方差萃取值（AVE）
系统可靠性	SR_1	0.812	0.000	0.675
	SR_3	0.870	0.000	
	SR_4	0.845	0.000	
	SR_5	0.755	0.000	
信息质量	IQ_2	0.939	0.000	0.712
	IQ_3	0.856	0.000	
	IQ_5	0.722	0.000	
安全性	S_1	0.912	0.000	0.745
	S_3	0.911	0.000	
	S_4	0.756	0.000	
个性化	C_1	0.705	0.000	0.607
	C_4	0.809	0.000	
	C_5	0.786	0.000	
	C_7	0.812	0.000	
远程人工服务	CC_3	0.793	0.000	0.635
	CC_5	0.851	0.000	
	CC_7	0.779	0.000	
	CC_8	0.761	0.000	

区分效度用来检验不同维度间是否存在显著差异，理论上各维度间的测量项不能够高度相关，否则应代表同一维度。在检验方法上，本书采用Fornell和Larcker（1981）[259]提出的AVE法，通过将各维度间的皮尔森相关系数与维度AVE平方根进行比较，若某维度与其他维度的相关系数均小于该维度AVE平方根，则说明该维度与其他维度能够良好区分。通过表4-7的数据对比可知，本次开发量表的各维度均通过检验，量表具有较好的区分效度。

表4-7 量表区分效度检验

	AVE	远程人工服务	个性化	安全性	信息质量	系统可靠性	使用效率
远程人工服务	0.635	0.797[b]					

续表4－7

	AVE	远程人工服务	个性化	安全性	信息质量	系统可靠性	使用效率
个性化	0.607	0.493	0.779[b]				
安全性	0.745	0.455	0.344	0.863[b]			
信息质量	0.712	0.499	0.395	0.614	0.844[b]		
系统可靠性	0.675	0.578	0.670	0.515	0.537	0.822[b]	
使用效率	0.683	0.636	0.540	0.599	0.470	0.625	0.826[b]

注：b. 各维度 AVE 的平方根；下三角为各个维度间的相关系数。

经过严格的量表开发与检验过程，最终得到完整的的车联网服务质量测量量表如表 4－8 所示，共包括六个测量维度和 22 个具体测量项。

表 4－8 完整的车联网服务质量测量量表

测量维度	具体测量项
使用效率	系统的操作简单便捷
	系统方便寻找需要的操作
	系统便于快捷地下达指令
	系统的界面和功能显示设置合理
系统可靠性	系统与外接设备连接稳定，不会无故断开
	系统总能成功识别指令
	系统使用稳定，运行顺畅
	系统不会出现卡顿、死机，或发生操作失败
信息质量	系统能够给出正确的自动诊断信息
	系统能够提供准确的车辆及道路信息
	系统能够清楚地提供信息
安全性	系统使用过程中能够保护个人隐私信息
	系统不会被其他人入侵
	系统拥有明确的隐私保护政策

续表4-8

测量维度	具体测量项
个性化	系统能够提供有用的周边信息
	系统能够按照个人偏好进行设置
	系统升级方式能够个性化选择
	系统对于车辆相关数据可以进行个性化增添与设置
远程人工服务	远程服务中员工给出的方案和信息清晰完整
	远程服务中员工有足够的能力解决问题
	远程服务中员工能够理解每个人的不同诉求
	远程服务中员工态度礼貌热情

4.3 制造企业服务质量的绩效影响

根据本书所得到的车联网服务质量概念及相应测量量表，可以帮助企业在进行质量管理时认知服务质量情况和顾客感知偏好。而作为质量管理的结果，服务质量是否真的影响着提供此服务的制造企业的绩效依然值得探讨。于是本书在了解了车联网服务质量含义后，将继续构建模型，检验作为质量管理实践结果的服务质量对于制造企业顾客相关绩效的具体影响。另一方面也是通过建立质量与绩效的因果关系对以上得到服务质量测量量表的理论效度进行检验，侧面验证质量概念的准确性和量表的有效性。

4.3.1 假设提出与概念模型

目前，顾客满意度与购买行为作为服务质量管理的结果变量已经形成了成熟的理论并在各行业得到了广泛的印证[152,250,260]。无论是在传统服务领域还是涉及信息技术手段的新兴服务，顾客满意是对服务质量的直接反应，而满意度是带来忠诚度的直接原因，影响着顾客的后续消费行为，也就是相应的企业绩效影响[149,260-262]。在现有关于质量管理带来组织绩效影响的研究中，大量研究在探讨绩效时涉及了顾客满意度的表现[87,107,263]，特别是在服务领域的研究，更加认为顾客满意度是企业的关键绩效之一[110,264]，通过实现顾客满意进而产生企业经营（财务）绩效的表现[265]。此时，对于制造企业来说，当其提供服务业务时，顾客对于服务质量的感知也会直接影响他们对产品的整体评价[266]，乃至对整个企业的印象[9,10]。因此，将顾客的满意度与忠诚度作为本书的绩效指标，可以更直接地反应服务质量对组织绩效的影响过程。

当考虑制造企业所提供服务的质量对绩效的影响时，既要考虑这一情况下与服务业务相关的绩效，也要进一步探讨整体层面的绩效。因此，不仅要涉及直接的对服务的满意度情况，也需要考察对品牌的整体满意度情况，进而形成顾客忠诚度的结果影响。于是在研究过程中选择了服务满意度、品牌满意度、顾客忠诚度三个变量作为具体的绩效指标，探讨服务质量与之形成的关系，研究制造企业的服务质量结果产生绩效影响的路径，并在前文提及的问卷发放中统一囊括了这三项绩效表现的成熟测量量表[137,151,267]。与产品的消费不同，服务的消费本质在于顾客的体验过程，因此顾客的感知是对业务的最直接评价也是服务质量的最终表现，这种抽象与强调主观意识的特性，使得这一质量感知直接导致了顾客的满意度表现[152,268]。而对于制造企业来说，服务业务只是经营过程的一部分，但这类具有附加价值的业务同样会影响到顾客对于产品乃至企业整体的感知[10]。于是顾客对于服务质量直接表现出的服务满意度，会进一步影响到顾客对品牌整体满意度的表达。此外，满意度作为顾客层面体现出的最直接绩效表现，从根本上影响着顾客的消费行为（如忠诚度、忠诚消费等）。因此在服务质量对品牌忠诚度的影响上，顾客满意度在其中发挥了重要的中介效果，也就是，服务质量可以通过顾客满意度间接影响品牌忠诚度，保证顾客忠诚行为方面的绩效表现[269]。通过以上观点，得到了如下假设以及图4-2的关系模型：

H1：车联网服务质量与用户对车联网系统的服务满意度正向相关；

H2：车联网服务质量与用户对汽车品牌的整体满意度正向相关；

H3：用户的服务满意度与用户的品牌满意度正向相关；

H3a：车联网服务中用户的服务满意度在服务质量与品牌满意度的关系间起中介作用；

H4：用户的品牌满意度与其购买忠诚度正向相关。

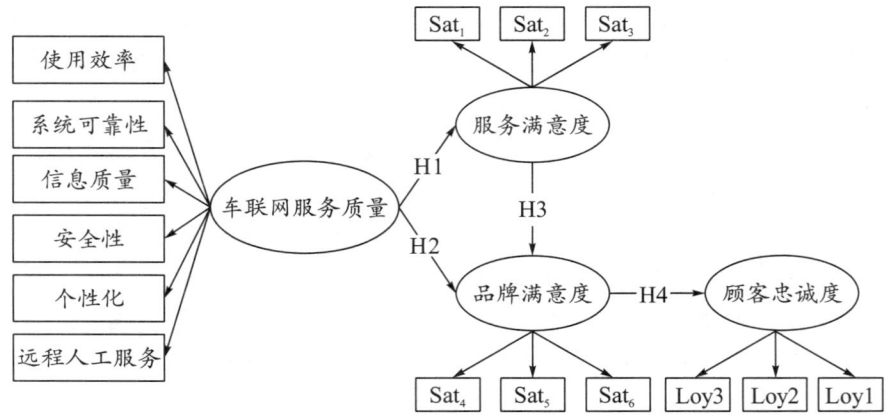

图 4-2 车联网服务质量的绩效影响模型假设

4.3.2 服务质量与绩效关系的实证分析

根据以上提出的假设和模型，相应变量的测量与最初的质量评价量表一起在同一问卷中完成调研和数据收集。针对 256 份调研数据首先检验共同方法偏差；而后构建结构方程模型（SEM），验证服务质量与顾客满意度及忠诚度等绩效的影响关系，明确影响路径；最后通过回归分析了解多维质量概念下不同维度对满意度绩效的直接贡献情况，更好地理解其质量内涵与绩效关系。

（1）共同方法偏差。

与第 4 章的模型分析相同，由于所有变量集中在同一问卷进行收集，涉及共同方法偏差对研究结果产生的影响，必须进行相应的检验来判断数据分析的有效性[225]。本书同样采用哈门氏单因子检定法和共同方法因子分析法进行共同方法变异（CMV）判断。首先，在哈门氏单因子检定中，将车联网服务质量、服务满意度、品牌满意度和品牌忠诚度相关测量项全部放入探索式因子分析（EFA），当只存在一个因子或者有一个因子对方差的解释度很大时，认为共同方法变异较大[227]，影响最终模型分析结果。使用 SPSS 22 软件进行主成分分析因子抽取，结果表明，76.41% 的方差由九个因子解释，而最大的因子的方差解释能力小于 50%。由此可知，本问卷的数据并不存在只能提取一个因子的情况，也没有出现某一因子解释大部分方差的情况。因此，不存在共同方法偏差对研究结果的干扰。此外，进一步通过共同方法因子分析法进行检验，构建一个理论共同因子后，计算并比较每一个测量项分别被相应结构潜变量和共同方法因子的解释程度，计算结果可见表 4-9。各测量变量在所属测量结构上对应的实质载荷（substantively explained variance）基本都在 0.7 以上，而相对应的共同因子载荷（method-based variance）绝对值都小于 0.12；此外，实质载荷的平均值为 0.879，共同因子载荷的平均值为 -0.002，差距明显，并且所有共同因子载荷都显示为不显著。由此可判断，共同方法偏差不足以影响研究的测量和分析结果。

表 4-9 共同方法偏差分析结果

潜变量	测量指标	实质载荷（R1）	$R1^2$	共同因子载荷（R2）	$R2^2$
使用效率	E_1	0.885	0.783	0.009	0.000
	E_2	0.937	0.879	-0.072	0.005
	E_3	0.839	0.705	0.030	0.001
	E_4	0.827	0.684	0.034	0.001
系统可靠性	SR_1	0.801	0.642	0.075	0.006
	SR_3	0.957	0.915	-0.074	0.006
	SR_4	0.950	0.902	-0.082	0.007
	SR_5	0.754	0.569	0.090	0.008
信息质量	IQ_2	0.913	0.834	0.027	0.001
	IQ_3	0.948	0.899	-0.065	0.004
	IQ_5	0.816	0.666	0.040	0.002
安全性	S_1	0.892	0.796	0.045	0.002
	S_3	0.929	0.863	0.008	0.000
	S_4	0.905	0.819	-0.056	0.003
个性化	C_1	0.695	0.483	0.099	0.010
	C_4	0.918	0.843	-0.081	0.006
	C_5	0.920	0.846	-0.103	0.011
	C_7	0.810	0.657	0.063	0.004
远程人工服务	CC_3	0.733	0.538	0.124	0.015
	CC_5	0.890	0.791	-0.008	0.000
	CC_7	0.873	0.770	-0.051	0.003
	CC_8	0.905	0.820	-0.088	0.008

续表4-9

潜变量	测量指标	实质载荷（R1）	$R1^2$	共同因子载荷（R2）	$R2^2$
服务满意度	Sat_1	0.853	0.728	0.027	0.001
	Sat_2	0.943	0.889	−0.036	0.001
	Sat_3	0.896	0.804	0.010	0.000
品牌满意度	Sat_4	0.977	0.955	−0.063	0.004
	Sat_5	0.785	0.617	0.107	0.011
	Sat_6	0.926	0.857	−0.065	0.004
品牌忠诚度	Loy_1	0.882	0.778	0.034	0.001
	Loy_2	0.938	0.879	−0.024	0.001
	Loy_3	0.937	0.878	−0.010	0.000
均值		0.879	0.777	−0.002	0.004

（2）服务质量对满意度绩效的影响路径。

借助问卷调查数据，我们首先使用 AMOS 22 软件进行了 SEM 分析，用来验证车联网服务质量分别与使用满意度、品牌满意度以及忠诚度的关系。在模型分析过程中，依照惯例[270,271]将服务质量构念设置为包含六个维度的二阶潜变量，理论上，各维度应该为该潜变量的一阶形成性指标（formative indicator）。然而对于形成式二阶构念在模型中进行分析时，必须包含两个以上反映性指标（reflective indicator），但由于车联网服务兴起不久，其服务质量尚无成熟的反映性指标借鉴使用。为了继续理论效度检验，可以参考 Parasuraman, Zeithaml 和 Malhotra（2005）[149]进行电子服务质量测量量表开发时的方法，将各维度进行测量项打包（items parceling），即通过计算维度平均值，将车联网服务质量构念转化为包含六个反映性测量项的一阶变量[272]。最终数据分析结果如图 4-3 及表 4-10 所示。

4 制造企业服务质量的评价及其绩效影响研究

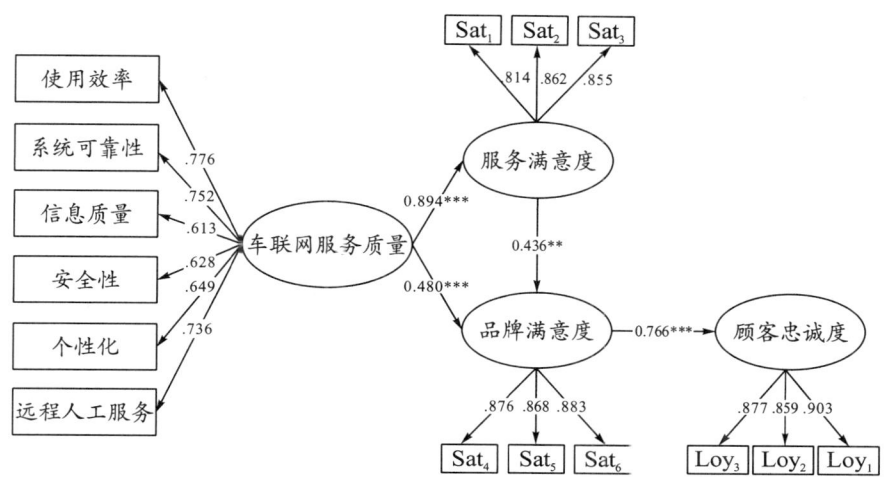

图 4-3 车联网服务质量的绩效影响结构模型及检验结果

注：* $p<0.05$，** $p<0.01$，*** $p<0.001$。

表 4-10 变量间直接关系路径分析结果

模型路径	标准化系数	t	p	R^2	结论
H1 服务质量—服务满意度	0.894	10.226	0.000	0.799	关系显著
H2 服务质量—品牌满意度	0.480	3.351	0.000	0.795	关系显著
H3 服务满意度—品牌满意度	0.436	3.024	0.002		关系显著
H4 品牌满意度—品牌忠诚度	0.766	7.378	0.000	0.634	关系显著

模型中无论是各构念的测量项载荷系数，还是代表四个理论假设的路径系数，均在统计意义上显著。此外，该结构方程模型的拟合指标也表现良好：GFI=0.922，AGFI=0.880，TLI=0.947，CFI=0.959，RMSEA=0.080（各指标含义及建议值见 4.2.4 和表 4-3）。因此，假设 H1、H2、H3、H4 中涉及的直接关系均得到验证。

车联网服务是汽车制造企业经营汽车产品时的一类附加型服务，因此车联网服务的质量一方面会直接影响顾客对服务的满意度，另一方面，通过服务满意度的表现又会间接影响对于品牌整体的满意度情况。本书通过实证分析，对于服务满意度在服务质量与品牌满意度关系间的中介作用进行了检验，结果如表 4-11 所示。

表 4−11　中介效应检验结果

中介变量	路径	均值	标准误	Sobel z	间接效应	总效应	VAF	结论
服务满意度	服务质量—服务满意度	1.023	0.100	2.895	0.390	0.870	45%	部分中介
	服务满意度—品牌满意度	0.670	0.222					

依据 Sobel 检定法，当 Sobel z 值大于 1.96 时，中介效应显著，服务满意度中介效应的 Sobel z 值为 2.895，此时再参考图 4−3，考虑中介效应时的服务质量与品牌满意度间的直接效应依然显著，因此认为服务满意度起到了显著的部分中介作用。同时，变异解释值（VAF）为 45%，处于 20%~80% 之间，也表明为显著的部分中介作用。于是假设 H3a 得到验证成立，服务满意的中介作用显著。

通过上述 SEM 分析，在验证理论效度的同时，也知车联网服务质量对企业的服务满意度和品牌满意度都会产生显著影响，并且服务满意度成为顾客对企业整体满意度的中介，而顾客对企业或品牌的满意，能够直接影响其忠诚行为，决定着企业整体的绩效表现。虽然了解了服务质量对制造企业绩效的整体影响路径，但面对多维度的质量概念，目前的结论无法直观判断其中的影响机理，需要做进一步研究，观察不同维度的影响差异，以更好地理解服务质量的含义和作用。

（3）服务质量不同维度的绩效影响贡献。

为了进一步验证车联网服务质量整体概念下不同维度对总绩效的贡献度情况，本书又加入了回归分析（regression analysis）方法，其逻辑关系如图 4−4 所示。

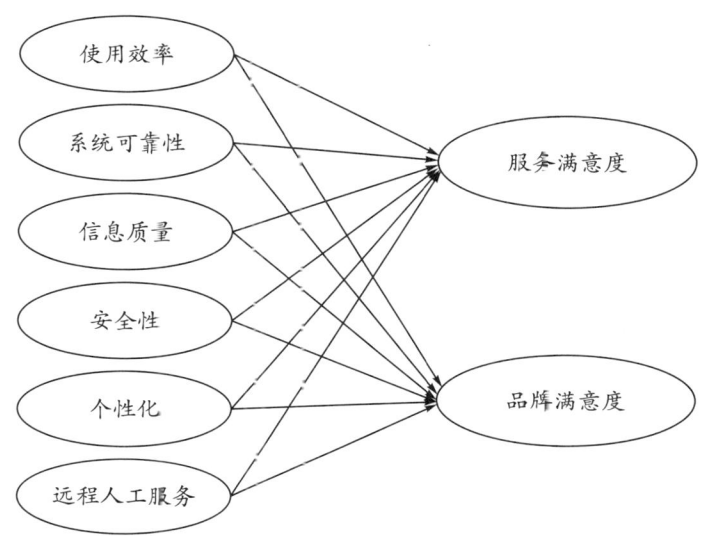

图 4-4 服务质量各维度与服务满意度和品牌满意度回归分析概念模型

由于车联网服务质量的结果变量直接涉及服务满意度和品牌满意度两个方面，将分别以服务满意度和品牌满意度为因变量进行两次回归分析。而服务满意度和品牌满意度在测量上均只包含一个维度，可以通过计算测量项均值代表该变量的数量情况。而对于车联网服务质量这一多维度概念，由于是通过 EFA 得到，各维度在本质上是所有测量项因子得分的整体结果，因此在将其作为自变量进行回归分析时，使用各维度的正交因子得分比单纯的均值结果更能完整解释维度本身[149]，同时也可以有效规避变量间可能存在的多重共线性问题。

本书设因变量"服务满意度"为 Y_A；自变量包含多个质量维度为 X_j（$j = E, SR, IQ, S, C, CC$），即 $X_E, X_{SR}, X_{IQ}, X_S, X_C, X_{CC}$；未知参数 β_a，则有以下回归模型：

$$Y_A = \beta_0 + \beta_{aE} X_E + \beta_{aSR} X_{SR} + \beta_{aIQ} X_{IQ} + \beta_{aS} X_S + \beta_{aC} X_C + \beta_{aCC} X_{CC} + \varepsilon$$

（公式 4-1）

对于相应的观测数据 $(x_{iE}, x_{iSR}, x_{iIQ}, x_{iS}, x_{iC}, x_{iCC}; y_{iA})$（$i = 1, 2, \cdots, n$），公式 4-1 的回归模型可表示为：

$$\begin{cases} y_{1A} = \beta_0 + \beta_{aE} x_{1E} + \beta_{aSR} x_{1SR} + \beta_{aIQ} x_{1IQ} + \beta_{aS} x_{1S} + \beta_{aC} x_{1C} + \beta_{aCC} x_{1CC} + \varepsilon_1 \\ y_{2A} = \beta_0 + \beta_{aE} x_{2E} + \beta_{aSR} x_{2SR} + \beta_{aIQ} x_{2IQ} + \beta_{aS} x_{2S} + \beta_{aC} x_{2C} + \beta_{aCC} x_{2CC} + \varepsilon_2 \\ \qquad\qquad\qquad\qquad\qquad\qquad \vdots \\ y_{nA} = \beta_0 + \beta_{aE} x_{nE} + \beta_{aSR} x_{nSR} + \beta_{aIQ} x_{nIQ} + \beta_{aS} x_{nS} + \beta_{aC} x_{nC} + \beta_{aCC} x_{nCC} + \varepsilon_n \end{cases}$$

经过回归分析，将得到 $\beta_{aj}(j=E,SR,IQ,S,C,CC)$ 的估计值，从而解释自变量（服务质量）与因变量（服务满意度）间的影响关系。

同理，设第二个回归分析中的因变量"品牌满意度"为 Y_B；自变量仍是包含多个质量维度的 $X_j(j=E,SR,IQ,S,C,CC)$，即 $X_E, X_{SR}, X_{IQ}, X_S, X_C, X_{CC}$；未知参数即回归系数为 β_b，则有以下回归模型：

$$Y_B = \beta_0 + \beta_{bE} X_E + \beta_{bSR} X_{SR} + \beta_{bIQ} X_{IQ} + \beta_{bS} X_S + \beta_{bC} X_C + \beta_{bCC} X_{CC} + \varepsilon$$

（公式 4-2）

在对应的观测数据 $(x_{iE}, x_{iSR}, x_{iIQ}, x_{iS}, x_{iC}, x_{iCC}; y_{iB})(i=1,2,3,\cdots\cdots,n)$ 下，公式 4-2 的回归模型可表示为：

$$\begin{cases} y_{1B} = \beta_0 + \beta_{bE} x_{1E} + \beta_{bSR} x_{1SR} + \beta_{bIQ} x_{1IQ} + \beta_{bS} x_{1S} + \beta_{bC} x_{1C} + \beta_{bCC} x_{1CC} + \varepsilon_1 \\ y_{2B} = \beta_0 + \beta_{bE} x_{2E} + \beta_{bSR} x_{2SR} + \beta_{bIQ} x_{2IQ} + \beta_{bS} x_{2S} + \beta_{bC} x_{2C} + \beta_{bCC} x_{2CC} + \varepsilon_2 \\ \vdots \\ y_{nB} = \beta_0 + \beta_{bE} x_{nE} + \beta_{bSR} x_{nSR} + \beta_{bIQ} x_{nIQ} + \beta_{bS} x_{nS} + \beta_{bC} x_{nC} + \beta_{bCC} x_{nCC} + \varepsilon_n \end{cases}$$

回归分析后，将得到 $\beta_{bj}(j=E,SR,IQ,S,C,CC)$ 的相应估计值，从而解释自变量（服务质量）与此次的因变量（品牌满意度）之间的影响关系。

表 4-12 各质量维度与服务满意度和品牌满意度回归分析的标准化系数

自变量（X_i）	因变量	
	服务满意度（Y_A）	品牌满意度（Y_B）
使用效率（β_E）	0.420***	0.333***
系统可靠性（β_{SR}）	0.415***	0.423***
信息质量（β_{IQ}）	0.329***	0.307**
安全性（β_S）	0.285***	0.304***
个性化（β_C）	0.258***	0.198***
远程人工服务（β_{CC}）	0.151***	0.274***
方差分析（F 值）	69.865***	59.928***
调整后的 R^2	0.618	0.581

注：* $p<0.05$，** $p<0.01$，*** $p<0.001$。

表 4-12 展示了两次回归分析中各因变量标准化系数以及模型拟合结果，F 值和调整后 R^2 均有很好的表现，说明回归拟合效果良好且在统计意义上显著。从表中可以看出，所有六个维度均对服务满意度和品牌满意度有显著正向

作用。此外，对于产品和服务的整体满意度来说，即无论服务满意度还是品牌满意度，使用效率、系统可靠性和信息质量三个维度都是贡献最大的方面。其中，使用效率对用户的服务满意度影响最大，系数达 0.420，其次是系统可靠性（0.415）和信息质量（0.329）；而系统可靠性对用户的品牌度影响最大，系数为 0.423，其次是使用效率（0.333）和信息质量（0.307）的影响。因此通过量化分析可知，对于制造企业来说，从顾客的感知和反映角度，企业所提供服务的质量确实影响企业的绩效表现。对于不同质量维度的具体影响情况，将在后续的研究结果讨论中详细展开。

4.4 研究结果讨论

4.4.1 制造企业的服务质量测量

车联网系统和相应服务的推出为汽车行业服务化转型带来了机遇，拓展了利润空间，成为吸引和保留顾客的方向之一。车联网服务的普及使汽车本身不再仅以产品形式存在，而逐渐成为服务提供载体，顾客的使用感受也更为抽象，逐渐趋近于对其服务特性的评价。为了更好地借助车联网服务提升车企本身的竞争力，需要了解顾客对于这类服务如何评价，并根据这些标准控制与提升服务质量。因此，本章从顾客感知的角度出发，通过科学规范的方法对车联网系统的服务质量测量量表进行了构建、精炼、确定及可靠性检验。首先以已有研究及文献为理论基础，明确了车联网服务质量的概念；而后通过深度访谈的定性研究方法初步构思了量表框架并广泛收集了潜在测量项；最后经过问卷调查收集到的数据进行定量分析，一步步开发并检验了最终包含六个维度共 22 个测量项的车联网服务质量概念。

在开发得到测量量表的同时，本书也对车联网系统的服务特性以及顾客感知重点有了进一步理解。顾客对车联网服务质量的感知涉及使用效率、系统稳定性、信息质量、安全性、个性化和远程人工服务质量六个方面。除了在其他借助信息技术提供的服务中同样提及的使用效率、系统稳定性以及个性化[173,175,176]外，主要提供驾驶及安全服务的车联网系统还需要特别关注信息质量及安全性的问题，由于驾驶过程中对于信息的接收以及驾驶和信息安全性要求较高，对这两方面质量控制的缺失将为顾客带来极大的困扰。此外，与其他信息技术依赖型服务不同，车联网服务还涉及较大范围的呼叫中心远程人工服务，因此员工与顾客的沟通过程也被纳入测量体系，尤其在其他自动功能无法满足顾客需求的情况下，人工服务的补充作用将正向影响顾客的整体评价，较差的人工服务质量会加重对车联网体统整体服务的负面感知，而高质量的人工服务会弥补自动服务功能的某些问题，同时增强顾客的正面质量感知效果。通过对顾客感知服务质量的分析，可以让车联网服务提供者更有效地考虑产品的设计、完善与升级。由于该量表为多维度测量量表，企业在分析自身车联网服务质量时，可根据维度的划分寻找优势以及改进重点。总之，对于车联网服务提供者来说，本书所呈现的多维度服务质量测量量表能够帮助他们更好地理解顾客，更好地了解及控制系统和服务质量，并成为产品和服务设计，以及相关战略制定的参考依据。

4.4.2 制造企业服务质量的绩效影响

通过验证车联网服务质量对汽车企业整体满意度和忠诚度的绩效影响，明确了制造企业在面向服务化时，作为质量管理的结果表现之一的服务质量对于最终绩效的重要性。通过服务质量对企业绩效的具体影响路径研究发现，服务质量不仅直接影响顾客对于服务的满意度评价，也影响着顾客对整体品牌满意度的评价，而这一满意度评价会直接影响顾客的忠诚度表现，因此也关系着由于顾客消费行为和忠诚行为而产生的其他绩效结果。此外，服务质量是一个涉及维度感知的概念，那么对应不同的环境和对象，不同维度就会表现出对满意度绩效不同力度的影响。经过回归分析，可以确定，在当前车联网服务推出的初级阶段，使用效率与系统可靠性是对顾客满意度影响最大的两个维度。但其中，使用效率对服务满意度的影响更大，这是因为效率问题会直接影响服务体验，尤其是车联网系统这类驾驶辅助性服务，顾客的使用目的就是追求高效的辅助服务体验。而服务系统的可靠性却是对顾客的品牌满意度影响更大的维度，这是因为在产品＋服务的形式中，产品属性与服务过程并存，考虑服务质量时必然会涉及产品的特性，因此顾客对于品牌的感知会将产品和服务作为感知整体，在进行评价时受到产品属性的影响较评价服务满意度时更为突出。因此，以上结果更加说明了，在制造企业的服务化过程中，对于质量的全面控制仍然必不可少，此时的产品与服务成为一个整体，统一反映着企业的质量状况和顾客感知情况，产品质量与服务质量之间的界限越发模糊，但无疑都是企业质量管理实践的结果，都直接影响着企业整体的绩效表现。

4.5 本章小结

信息技术的快速发展推动了制造企业服务创新的方式探索和服务化业务的多样化实现，本章以服务型制造中常见的借助信息技术提供服务的形式为研究对象，进行了服务质量测量及其绩效关系的实证研究。首先，通过实证研究方法，对物联网环境下汽车企业的服务创新形式——车联网服务进行服务质量内涵研究。经过访谈及问卷调查，结合定性与定量的分析方法，对车联网服务质量的测量项进行收集、精炼与验证，根据数据结构归纳得到六个维度的车联网服务质量概念及相应的测量量表。而后，借助改服务质量测量量表，通过建立服务质量与顾客满意度绩效间的关系模型，使用结构方程模型分析了制造企业的服务质量产生的绩效影响，验证了制造企业所提供服务的质量将通过服务满意度影响其品牌满意度，进而影响顾客的忠诚度结果，确认了对于服务质量的管理在制造企业的服务化过程中具有重要意义。最后通过对车联网服务质量及其绩效影响的研究结果讨论，为制造企业了解其服务业务的结果表现提供了方法参考，通过多维量表获悉服务质量不同维度的感知和影响差异，有助于后续的质量管理决策，也可以为服务运营中的资源配置指引方向。

5 服务质量改进案例研究

21世纪以来新兴技术的不断发展极大地促进了制造和产品服务化的创新过程，如今大多数企业也正是通过信息技术或物联网等手段提供相应客户服务，例如海尔、联想的线上服务社区，以及通用汽车、丰田的车联网服务等。数字基础设施的不断扩展、移动互联的无处不在，都使得信息技术型服务成为制造企业为顾客提供服务时最常见、便捷与高效的形式。然而，通过前文的研究结论可知，在企业服务化战略实施时，单纯依靠服务创新不一定能保证服务化转型效果，而服务创新实施后对于服务质量的管理是服务化创新能够带来企业成功的关键。因此本章的研究重点在于服务型制造中先进服务形式的质量改进研究，通过案例研究探讨企业在服务化过程中如何保证优质的服务和顾客满意度，并强调了服务质量的改进可借助创新技术如DFSS、TRIZ等实现直接的顾客导向，跨越质量瓶颈，从而实现高效的服务化转型。

5.1 项目背景

商用电子设备制造商S公司经过服务化的商业模式创新，转型成为一体化解决方案提供商，在服务领域专注于提供电信类业务。从其收入来看，5%的政府和企业大客户带来了57%的业务收入以及82%的利润，这部分用户以带宽型一体化解决方案为主。因此，大客户市场成为S公司在市场竞争中的关注焦点。满足大客户的极高质量要求、做好差异化服务将构成S公司的核心竞争力。然而现有的很多服务流程是所有用户一致的标准化流程，缺少对于顾客需求的区分，于是S公司面临大客户逐渐流失的问题，因此公司的服务流程必须根据顾客的不同质量要求进行调整，以满足并保留具有更高质量要求的大客户。

锁定项目后，S公司迅速建立了核心项目小组，小组中的13名成员分别来自政企客户支撑中心、网络操作维护中心等多个部门。该团队中，除所有成员通过专门训练已掌握统计和质量提升工具外，还包含了一名黑带大师和两名黑带引导并监督项目的实施。

5.2 质量改进方法及工具说明

在项目进行之初，项目小组采用传统的六西格玛管理（Six Sigma）改进方法，即 DMAIC（Define，Measure，Analyse，Improve，Control）过程，这一方法已被学术及产业界广泛证明了其质量改进的高效性[273-275]。但初步的执行结果显示并不能达到他们期望的质量高度，这种常规式改进的方法遇到质量瓶颈，项目组需要另谋他法。同样是在六西格玛管理方法论下，另一种质量控制工具"六西格玛设计"（Design for Six Sigma，DFSS）是顾客需求驱动的创新型开发与设计工具，许多学者认为当质量改进瓶颈出现时，可以通过 DFSS 进行再设计以达到突破性质量改进的目的[276,277]。最终，团队选择通过 DFSS 实现重构式改进，并选择了业界比较常用的 DFSS 实施过程——IDDOV（Identify，Define，Develop，Optimize and Verify）[277]。

IDDOV 的识别（identify）阶段，是对顾客的识别以及对其需求的理解；在定义（define）阶段，可以通过质量功能展开（quality function deployment，QFD）等技术将顾客需求转化至相应的关键服务过程和指标上，并定义关键质量特性（critical to quality，CTQ）；而开发（develop）和优化（optimize）阶段由于本项目的目的只在于改进服务质量因而被合并，其中包括了具体的通过再设计优化质量，以及新服务流程仿真；最后在验证（verify）阶段，服务改进后经过一段时间的试行，确认是否达到了预期的效益。

5.3 服务质量改进过程

5.3.1 顾客需求识别（Identify）

（1）顾客细分与关键顾客识别。

项目主要目的是提升大客户的满意度，根据客户的利润贡献程度，最终确定 141 家大客户。但由于客户经营业务的不同，对于质量的理解和要求也可能存在显著差异，需要进行准确的聚类分析以确保设计更好地贴近大客户的实际差异化需求。在客户经理的帮助下，客户从顶级服务质量、标准服务质量、交付速度、准时交付、客户个性化、产品多样性六个质量维度进行了重要度评分。经过评分结果的聚类分析最终大客户被分为两类：需要顶级服务质量的117家，服务质量要求均衡但更强调个性化的24家。为了最大程度满足客户需求，项目团队决定以满足顶级质量服务要求的客户需求为主，尽量兼顾其他少数客户。

（2）顾客声音（voice of customers，VOC）分析。

确定了目标客户群后，需要聆听顾客的声音（VOC）。通过VOC的归纳，得到需求质量（demanded quality，DQ），并通过对其进行测量，得到影响最终满意度的关键需求。

S公司在与关键用户签订服务合同时，用户可以根据其业务需求在服务合同内提出个性化的需求或特殊网络质量要求，因此可以通过整理订单合同得出用户提出的部分需求。另一方面，项目组还通过客户经理引导的方式对客户展开进一步调研，对最终得到的34项不同需求通过亲和图（又称KJ）法进行归纳，初步提炼出17项顾客质量需求（见表5-1）。

表5-1 亲和图法需求质量分析结果

需求质量（DQ）		客户提出的具体需求		
DQ_1	保持网络可用	长期保持网络可用	网络调整影响程度小	重要时段确保网络可用
DQ_2	持续中断时间短	网络调整影响时间短		
DQ_3	网络质量稳定	网络质量好		
DQ_4	解决方案合理	组网方案可行性	组网方案经济性	合理地制定工程实施方案
DQ_5	业务受理方便	一站式跨国项目受理	一站式跨省项目受理	快速业务受理
DQ_6	快速开通业务	快速开通本地业务	快速开通跨省业务	快速开通国际业务
DQ_7	验收测试规范	验收测试规范	标准的交付服务	
DQ_8	服务交付准时	服务交付准时		
DQ_9	快速修复故障	快速修复故障		
DQ_{10}	故障申告方便	方便地报障	全天候受理故障	
DQ_{11}	准确的出账	准确的出账		
DQ_{12}	优良的服务感知	友好的服务态度	专业的服务技能	

续表5-1

需求质量（DQ）		客户提出的具体需求		
DQ_{13}	产品应用多样	增值应用多样	接入方式多样	
DQ_{14}	个性化出账	个性化出账		
DQ_{15}	日常维护简便	定期的运行分析	定期的故障分析	
DQ_{16}	技术支持有效	专业的客户技术培训（售中）	专业的客户技术培训（售后）	对客户网络提供优化诊断服务
DQ_{17}	信息沟通及时	及时介绍新产品	及时反馈工程进度	及时反馈故障处理进度

为了验证这17项质量需求的满意度以及对总体满意度的影响程度并筛选出重要的DQ，项目组从已确定客户群中随机抽取20家进行满意度调查，对17项要求质量和整体服务质量进行满意度评分。考虑到目前的小样本情况，项目组通过最小二乘法（PLS）分析每个DQ的重要度系数。结果显示，有部分PLS标准化系数小于0，这意味着这些DQ获得更高的满意度时并不能导致整体满意度的提升。因此，为了筛选出真正影响整体满意度的关键DQ，并尽可能关注到影响不明显的项目，项目组将重要度化系数明显小于0的要求质量进行了剔除，最终剩余十项顾客认为重要的DQ，并对这些系数进行修正，确保最高项与最低项之比不超过5，以保证一些得分较低的要求质量也能够获得一定的关注（可见表5-2中a列）。

表 5-2 需求质量的质量规划与权重分析

		修正重要度系数 (a)	当前质量 (b)	竞争对手质量 (c)	改善优先级 (d)	策划质量 (e)	KANO (f)	质量提升点 (g)	服务特性点 (h)	绝对重要度 (i)	需求质量权重 (j)
DQ_1	保持网络可用	0.423	7.4	7	1	8	M	1.1	1.1	0.50	0.19
DQ_2	持续中断时间短	0.239	6.3	6	1	7	M	1.1	1.1	0.29	0.11
DQ_3	网络质量稳定	0.243	7.1	6	2	7.1	M	1.0	1.1	0.27	0.10
DQ_4	解决方案合理	0.156	7.2	7	2	7.2	O	1.0	1.0	0.16	0.06
DQ_5	业务受理方便	0.085	7.9	8	2	7.9	M	1.0	1.0	0.08	0.03
DQ_6	快速开通业务	0.370	6.2	7	1	7	O	1.1	1.0	0.42	0.15
DQ_8	服务交付准时	0.350	7.2	6	1	9	M	1.3	1.0	0.44	0.16
DQ_9	快速修复障碍	0.161	6.1	6	1	8	M	1.3	1.1	0.23	0.09
DQ_{13}	产品应用多样	0.118	7.2	7	2	7.2	O	1.0	1.0	0.12	0.04
DQ_{15}	日常维护简便	0.095	7.4	7	2	7.4	A	1.0	1.0	0.09	0.03
DQ_{17}	信息沟通及时	0.112	8.0	8	2	8	O	1.0	1.0	0.11	0.04

5.3.2 改进对象及目标定义（Define）

定义（define）阶段的目的是发现企业如何做才能满足顾客需求。在此阶段 QFD 是较常用的顾客驱动的分析工具之一，通过 QFD 可以将顾客需求转化为企业所提供产品或服务的工程参数，从而让企业满足顾客需求的目标具体化并增强可实施性[278,279]。QFD 的特性要求转换思路如图 5-1 所示。在本项目中，QFD 的使用难点在于服务的抽象性，难以直接测量当前质量水平并设置明确的策划质量。因此根据前文服务质量测量的观点，可采用 DQ 满意度评分均值作为量化的质量指标，反映当前质量水平，而策划质量水平则是在此基础上进行目标分数的设置。在获得 DQ 量化的质量情况后，便可以通过数据驱动的 QFD 逻辑进行需求转换。

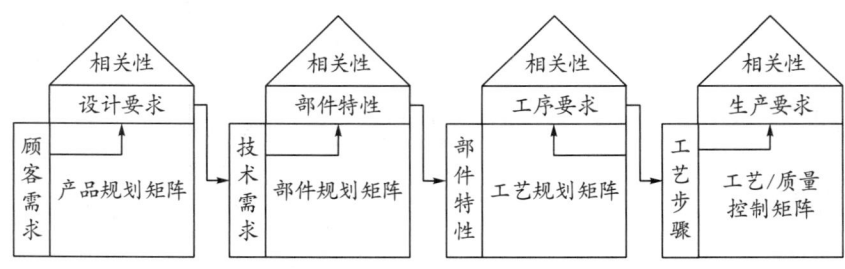

图 5-1 质量功能展开过程

在进行 QFD 前，需要确定需求质量（DQ）的权重作为需求转换基础，而后便可一步步迭代计算出其他特性要求的权重，最终迭代出需改进的关键。具体步骤如下：

（1）计算需求质量（DQ）权重。

依据前文所得到 DQ 的质量和重要度情况，可以计算得到 DQ 的权重，作为定义（define）阶段中 QFD 过程的基础。DQ 权重的计算和推导方法如下，其中各步骤结果在表 5-2 中展示：

首先，需要通过修正的重要度（表 5-2 中 a 列）和当前质量（b 列）综合考虑得到改进优先级（d 列）。经过与专业人员讨论决定，当前质量（b 列）低于 7 或者重要度系数（a 列）高于 0.2 的改善优先级设为"1"，其他设为"2"。

其次，根据对顾客的了解和工作经验设置 DQ 的策划质量。传统方法中，策划质量（e 列）应该由竞争对手质量（c 列）和改善优先级（d 列）的分析得到，但由于 S 公司在本地市场中的绝对优势，竞争对手并不能完全当作标杆进行对比。因此，项目团队决定融合 KANO 模型（f 列）来保证企业质量要求评估的有效性，KANO 模型从顾客偏好角度出发，将顾客的需求分为基本型需求"M"（must-be）、期望型需求"O"（one-dimensional）和魅力型需求"A"（attractive）三类[280,281]，因此更能从顾客侧面出发决定企业应达到的质量水平。结合 KANO 分析，团队决定，改善优先级为"1"的 DQ 需要在策划质量上均要设置提升，同时 KANO 分析中标为"M"的项目在策划质量上要大于"7"。

而后，需要确定质量提升点（g 列），根据策划质量（f 列）和当前质量（b 列）的比值计算可以得到。此外，还要确定服务特性点（h 列），也就是公司提供给客户的优势服务，因此确定了以下筛选指标：重要度较高并且质量高于竞争对手的 DQ；或者自身和竞争对手质量都较低，但策划质量足够高的 DQ。

最后，计算各 DQ 的权重（j 列）。先根据重要度系数（a 列）、质量提升点（g 列）和服务特性点（h 列）的乘积得到绝对重要度（i 列）；接着，对绝对重要度进行标准化，结果即为最终要求得的 DQ 权重。该权重构成了 QFD 第一步转换的关键，是顾客需求质量（DQ）到服务质量特性（quality characteristics，QC）量化转换的基础。

表 5-3 QFD 第一步转换中需求质量（DQ）与质量特性（QC）的关系矩阵

	QC_1 网络可用率	QC_2 连续中断时间	QC_3 网络性能达标率	QC_4 方案技术可实现性	QC_5 方案经济性	QC_6 业务受理响应时间	QC_7 业务开通时间	QC_8 交付及时率	QC_9 障碍修复时间	QC_{10} 产品应用的覆盖性	QC_{11} 新业务开发周期	QC_{12} 运营商服务支持度	QC_{13} 信息通报及时率	QC_{14} 信息通报全面性	要求质量重要度
DQ_1 保持网络可用	5		1						3			2			0.185
DQ_2 持续中断时间短	2	5	5						5			2			0.108
DQ_3 网络质量稳定			5						2			2			0.099
DQ_4 解决方案合理				4	5					4	3		1	3	0.057
DQ_5 业务受理方便						5				2					0.031
DQ_6 快速开通业务							7			3	2		1	1	0.154
DQ_8 服务交付准时								7							0.161
DQ_9 快速修复障碍									5	5	5		2		0.085
DQ_{13} 产品应用多样	3		2	2								5	3	3	0.044
DQ_{15} 日常维护简便												5	3	5	0.035
DQ_{17} 信息沟通及时													5	5	0.041
质量特性重要度	**0.10**	0.07	0.09	0.05	0.02	0.01	0.09	0.09	**0.14**	0.08	0.07	0.08	0.06	0.05	

注：加粗 QC 为改进项目选出的 CTQ。

(2) 确定需改进的服务流程。

在得到顾客要求质量及其重要度后,便可进行质量功能展开。S 公司的目的是提供顾客满意的服务,因此需要寻找当前最值得改进的服务过程,进行再设计。因此具体的 QFD 过程按照"需求质量(DQ)→质量特性(QC)→职能要求(FR)→服务流程(SP)"的逻辑顺序依次展开,寻找最值得改进的服务流程。

如表 5-3 所示,根据从 DQ 展开至 QC 的关系矩阵可以看出两者的关系,同时得到 QC 的权重。此外,通过顾客调研和当前质量,有专家小组设置出了每个 QC 的设计质量。剩下的步骤就是通过另外两个关系矩阵将 QC 展开至 FR,而后从 FR 展开至 SP。限于篇幅以及方法的重复性,QFD 的其他关系矩阵将不再一一列举。在这里只需要知道,FR 的权重是为了验证哪些职能对于满足 QC 更重要。相应的,SP 的权重则揭示了对于满足新系统要求来说的关键服务流程(见表 5-4)。最终 SP_4 被筛选为本次改进项目的关键流程,即项目的改进目标为故障处理流程。

表 5-4 服务流程重要度

服务流程		重要度
SP_4	故障处理流程	0.37
SP_2	服务交付流程	0.34
SP_3	日常维护流程	0.13
SP_5	新业务开发流程	0.10
SP_6	供应商关系流程	0.04
SP_1	客户关系流程	0.02

(3) 确认关键质量特性及设计质量。

QFD 的第一个关系矩阵的另外一个贡献就是可以筛选出关键质量特性(CTQ)。根据 QC 的权重,QC_1 和 QC_9 被筛选出来作为 CTQ。根据工作人员对 QC 间的相关性的讨论可以得到,QC_1 与 QC_9 有较强的相关性,并且 QC_9 在逻辑上是 QC_1 的决定因素,也就是说对于 QC_9 的提升可以使 QC_1 也自动得到提升。最后,项目团队只需要关注 QC_9 的重新设计及改进,其他可作为同步优化指标。对于 CTQ 的具体设计质量见表 5-5。

表 5-5　关键质量特性（CTQ）的设计质量情况

质量特性	重要度	当前水平	设计质量
QC_1 网络可用率	0.10	99.996%	>99.999%
QC_9 故障修复时间	0.14	$\mu=1.16h$，$\sigma=0.73h$	$\mu<0.5h$，$\sigma<0.7h$

5.3.3　故障处理服务改进过程（Develop 和 Optimize）

对于故障处理服务，S 公司原本的处理方式下，首先由顾客进行故障申告，或由公司主动发现故障。然后自动生成故障单，故障预判后派发至相应的维护中心。最后，故障修理完成后与顾客进行修复确认，否则其他维护中心将进行协同处理，直至故障修复完成。

明确故障处理服务流程的 CTQ 是 QC_9 以后，团队成员进行了价值流图分析（图 5-2）。从而找到三项影响时长的浪费。一是故障单到达数量的波动而导致的维护中心故障单积压。而这种浪费造成的延迟可占处理总时长的一半。二是由于首次派单的准确率仅有 43%，增加了故障单再次派发的时间。最后是专业人员能力的浪费，因为约 70% 的故障处理仅需要简单的操作，而不需要等待专业技术人员处理。要排除以上三种浪费，常规途径是增加人力资源的投入或者改变工作方法。然而各个维护中心长期形成的有效工作方式不易改变，而增加人力会带来无效的人力成本提高。于是，故障处理流程面临再设计的必然需求。

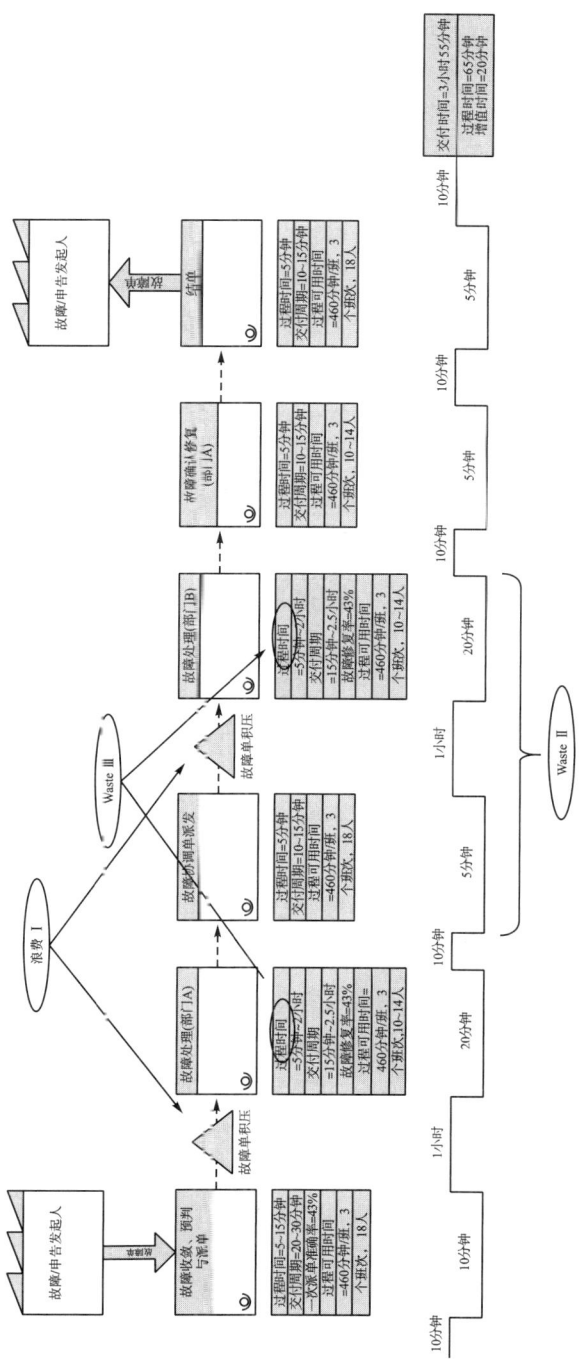

图 5-2 原始故障处理服务流程的价值流图及浪费识别

(1) 故障处理服务流程的概念设计——TRIZ 方法。

面对故障单处理时间和人员利用效率的矛盾，项目组依据 TRIZ 理论寻找解决方案。在 S 公司面对的问题中，改善特性"静止物体作用时间"（即 TRIZ 理论中第 16 个工程参数）和恶化特性"生产率"（即第 39 个工程参数）之间存在技术冲突。因此，可以在相应的 TRIZ 冲突矩阵中选出相应的发明原理，该矩阵包含了 40 项发明原理。对于被选出的发明原理在本项目中的解释和可行性可在表 5－6 中看到。这样最终得到的方案是建立预处理过程。通过预处理过程可以达到的目的包括：①阻截可简单修复的故障单，使经验丰富的工程师专心处置疑难故障；②通过预处理的操作获取大量故障信息，提升首次派单准确率；③对故障单设定优先级Ⅰ，Ⅱ，Ⅲ，保证对不同用户及故障进行差异化处理。

表 5－6　TRIZ 发明原理和本项目中对应的解释

发明原理	本项目解释	是否消除浪费	是否可行
20，有效作用的连续性	进行均衡生产，使故障单持续稳定地到达	是	否
10，预操作	故障单到达时对其进行简单的预处理，随后再交付维护中心处理	是	是
16，未达到或超过的作用			
38，加速强氧化	无		

(2) 故障处理服务的过程设计。

增加了预处理的概念后，整个故障处理流程的设计可以分为三个部分：预处理操作步骤的设计、故障地图的设计以及工位设计。

预处理阶段的设计就是要明确具体的操作步骤和顺序。通过与专家小组的多次会议讨论，确定了预处理操作的四个基本步骤：板卡重启、配置数据更新、服务重置和端口重置。如表 5－7 所示，各步骤间的操作顺序（表 5－7 中 d 列）由相应故障的优先系数 k（c 列）决定。而优先系数 k 则经过随机抽取的 300 个故障单的故障概率（a 列）与平均修复时间（b 列）的比值算得。最终得到的修复工作操作顺序可以形成最短的平均操作总时长，即 16.1 分钟。

表 5-7 预处理阶段的操作顺序设计与用时计算

故障模式	故障概率 (a)	平均处理时间（分钟）(b)	优先系数 k (c=a/b)	操作顺序 (d)	到达概率 (e)	服务期望时间（分钟）(f=b*e)
故障单及告警关联		3.4			100%	3.40
故障1：配置数据更新	21%	2.5	0.084	1	100%	2.50
故障2：服务重置	18%	3.1	0.058	2	79%	2.45
故障3：端口重置	20%	5.7	0.035	3	61%	3.48
故障4：板卡重启	14%	8.3	0.017	4	41%	3.40
查询故障地图并派单		3.2			27%	0.86
总时长						16.09

在本项目中，故障地图是用以进行故障单分配的。预处理后，派单人员将用户的申告内容录入故障地图系统，由故障地图系统提供包含每个故障优先系数 k 的派单优先表。这里的 k 与前文中预处理过程中的计算过程一致，只是其中的故障概率和平均处理时间根据故障地图系统自反馈的六个月内的数据得来。依据每个故障单所对应顾客和故障的特性，在其进入预处理过程的一开始就被设置了Ⅰ，Ⅱ或Ⅲ的优先级。根据派单优先表，优先级为Ⅲ或无优先级的故障单将被派发至能解决拥有最大优先系数 k 的故障的维护中心。当故障单优先级为Ⅱ级时，将被派发至能解决故障概率和大于70%的故障的多个维护中心。而当故障单优先级为Ⅰ级时，立即进行全维护中心同时派发。待故障确认修复后，故障单的相关信息将反馈回故障地图。通过故障地图系统，首次派单准确率从之前的43%提升至92%。

在故障处理流程设计的最后，必须对工位做出进一步调整。在预处理阶段，平均1.44分钟产生一张故障单。由于预处理的平均时间是16.1分钟，工位配置需12人，此外另设定一名值班长专职处理第二次派单。而对于各维护中心，工作量已下降至以前的 18.6%①，致使每个修复工位平均一人就可以。但是根据实际需要每个专业工位至少配置两人。因此，工位设计的最终结果就是预处理工位和维护中心的修复工位所需员工总数从 23 人下降至 21 人。

(3) 故障处理服务的时长模拟。

经过故障处理服务流程的重新设计后，使用 IBM、WBM 软件对重新设计前后的流程进行建模及测试。从表 5-8 可以看出，故障处理时长得到了很大的削减，稳定保持在 0.5 小时内，达到了表 5-5 所列设计质量目标水平的要求。

表 5-8 重新设计前后故障处理时长的模拟测试

实例数	质量改进前故障处理服务流程用时		质量改进后故障处理服务流程用时	
	平均持续时间	持续时间标准偏差	平均持续时间	持续时间标准偏差
100	55 分钟 32 秒 389 毫秒	35 分钟 25 秒 704 毫秒	24 分钟 36 秒 363 毫秒	13 分钟 56 秒 658 毫秒
200	1 小时 5 分钟 56 秒 40 毫秒	56 分钟 9 秒 622 毫秒	22 分钟 13 秒 918 毫秒	11 分钟 49 秒 145 毫秒
500	1 小时 6 分钟 17 秒 332 毫秒	50 分钟 16 秒 518 毫秒	23 分钟 16 秒 852 毫秒	13 分钟 21 秒 552 毫秒

5.3.4 改进效果认证（Verify）

新流程建立后，S 公司按照 15%、30%、50% 进而 100% 的比例逐渐增加新流程下的故障处理服务，发现服务历时的确不断缩短。图 5-3 展示了当被引入新的故障处理流程中的故障单比例逐渐上升时带来的持续的故障修理时长改善。等到全部故障单都按新流程处理，故障处理时长均值达到 0.42h，标准差达到 0.22h（数据来源为随机抽取的 468 个故障单）。

---

① 各专业工位工作量经过预处理下降至 27%，同时由于派单准确率的提升，工作量进一步下降至 68.8%（=(1+(1-92%))/(1+(1-43%))），最终工作量下降至 18.6%（=27%*68.8%）。

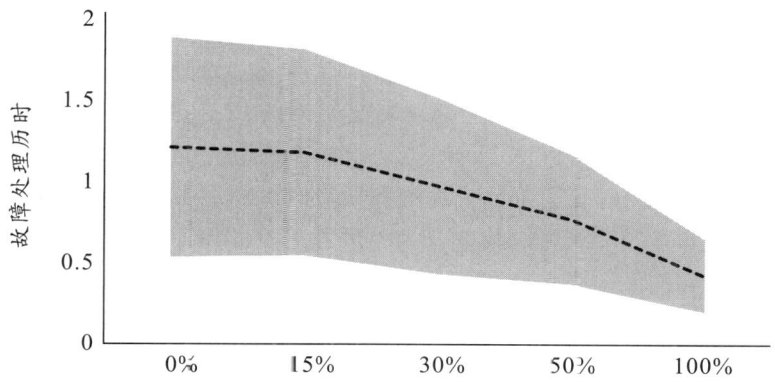

图 5-3 故障单逐步导入新流程引起大客户故障处理历时变化

对于直接的财务收益来说，在故障处理服务过程中，总人力数减少至少 2 人，而且维护中心的 9 个专业工位可以移除，节省了大量人力成本。而对于潜在的收益来说，由于大客户的故障处理时限从 3 小时缩减至 1 小时，同时设置了监控人员对其设备进行 7×24 小时监控，服务质量的改善使得用户感知大大提升。由此保留和吸引来的大客户还将带来更为客观的经济效益。

5.4 案例结果讨论

本章的案例研究展示了设备制造商在转型服务提供商后，对技术服务进行服务质量改进的主要过程。不同于产品质量，服务质量的无形性等特征使其难以测量，很多企业因此对服务质量改进活动无从下手。本章的改进项目从顾客感知与需求角度出发，将顾客感知量化为对于服务质量的衡量，这一观点与前文研究通过顾客感知测量服务质量的方法一致。通过详细的案例研究显示，成熟的六西格玛管理体系不仅在产品及生产质量改进方面发挥重要作用，在服务质量提升领域同样能够取得可观的改进效果，尤其在服务质量通过间接转换量化可测后，更有助于数据驱动下的质量改进方法的有效执行。

本案例的另一个特点就是在服务质量遇到改进瓶颈时，采用设计开发方式（即 DFSS）和创新工具（如 TRIZ）通过流程再造的方式提高质量改进效率，顺利满足顾客要求。而对于服务质量改进的成功因素，除服务质量的量化测量外，还有改进工具的灵活运用。本书中采用的六西格玛管理体系作为一套开放式质量改进工具箱，虽有标准的改进过程范式，但不限于步骤和所用工具的选择，当改进流程（如 DMAIC）面临提升瓶颈时，也可以借助设计开发式等创新式的流程（如 DFSS）进行再设计以达到突破式改进的效果。尤其在服务质量改进项目中，不仅可以考虑直接从顾客角度出发，通过以顾客需求为根本出发点的 DFSS 方法量化服务质量并推进数据导向的改进过程，在面对质量瓶颈时也可以借助更具创新属性的 DFSS 方法及相关创造性设计工具，跳跃性地完成服务质量水平提升。无论如何，在服务质量改进项目中，以顾客为出发点即关注并衡量顾客真正需求、寻找适合的改进方法及过程、灵活运用质量改进和创新工具、多部门配合或全员参与的资源支持等，都是保障项目实施效果的关键因素。

5.5 本章小结

市场的快速发展推动了制造企业通过服务创新的方式探索业务的多样化呈现，本章针对设备制造商转型一体化解决方案服务商的 S 公司进行案例研究，选取其典型的服务质量改进项目详细展开，给出了关于服务质量改进的背景、目的、主要步骤及改进结果的详细描述。借助设计开发及创新工具的应用完成服务质量的稳定改进，以顾客需求为驱动，转化顾客需求为企业内部的技术特征及具体流程，通过流程创新再造，实现整体服务质量的提高。最后讨论了该改进项目成功实施的借鉴意义。

6 研究结论与贡献

6.1 主要研究结论

在愈发激烈的市场竞争中，顾客的需求以及制造企业的生产模式都在发生快速的转变。制造服务化作为一种以顾客价值为目标的新型经营模式，为制造企业摆脱利润空间被压缩的困境，形成新的核心竞争力，赢得市场竞争提供了有效途径。制造行业服务化与转型升级已经逐渐成为各国家与地区的发展大趋势，例如英国于2012年定义了"第三次产业革命"，美国于2012年出现了"工业互联网"概念，德国于2013年提出"工业4.0"战略，日本于2016年给出了"社会5.0"的理念，我国于2016年肯定了"第四次工业革命"的意义，这些方向性理念的提出都蕴含了工业生产要快速适应市场变化，以服务顾客、满足顾客个性化需求为企业发展目标的意义。学术界关于服务型制造和服务化概念及理论框架的研究日趋成熟，产业界也全力向服务化转型努力探索。

本书以市场实践中服务型制造的全面发展为背景，首先关注并探讨了企业质量管理不同实践要素在服务化绩效实现各阶段发挥的重要作用；而后，面对企业服务形式不断发展创新，以及服务业务比重的不断提升，服务质量成为制造企业质量管理的重要实践结果，因此进一步讨论了制造企业在提供服务时面临的质量测量问题，以及服务质量对于绩效的具体影响。最后，经过对成功实现服务化转型的企业进行案例研究，探讨了企业应如何进行相应的服务质量改进以保证绩效结果。通过逐层递进的研究，本书得到了以下相应结论：

第一，质量管理实践中的基础实践与核心实践在制造企业的服务化进程和绩效实现中发挥着不同的中介与调节影响。第三章对制造企业的服务化实施过程与顾客相关绩效的影响关系进行了研究，探讨了质量管理实践在这一绩效实现过程中产生的影响。首先将制造企业的服务导向理念到服务创新能力以及产生的与顾客反应相关的绩效影响作为主线，从企业运营实践层面，探究了与制造企业服务业务开发和实现有着密切关联的质量管理实践，在企业服务化创新和绩效影响方面产生的作用。经过假设提出、问卷调查、建立概念模型以及相应的实证分析得到研究结果,一方面,从服务化转型本质上,企业整体的服务导向氛围是一切服务化转型活动成功开展并获得效益的基础,服务导向下的企业氛围能够促进组织及员工关注顾客价值,寻求更好的方式为顾客服务,从而强化组织的服务创新能力。因此在这个影响关系上,以顾客价值为目标的质量管理实践中,基础实践的高层支持要素是帮助组织建立服务导向文化的源动力,而顾客关系管理和员工管理要素成为企业服务导向氛围能够成功激发合理服务创新的中介。因为组织的创新和改变依靠的是个体的行动理念,而同时,顾客对企业制造及服务过程的直接或间接参与是服务型制造的一个重要特征,也是防止服务化创新流于形式的重要依据。鼓励员工积极获取顾客需求与感知,维护长期的沟通关系,是制造企业实现有效服务化变革的必要条件,因此员工和顾客的管理共同作用于服务导向到创新能力的实现过程。另一方面,服务创新能力代表着企业服务化实施的根本动力,通过不断推出与改变服务业务满足顾客变化的需求,这种以服务顾客为中心的业务调整对顾客感知和消费行为的影响显而易见,最终能够带来企业相应绩效的提升。所以在这一绩效实现过程中,既在于新业务的开发以吸引顾客,也在于业务质量是否能够满足顾客期望以最终决定其消费行为,而质量管理实践中的核心实践要素涉及的过程管理和持续改进,正是高质量服务业务传递的有力保障,因此服务过程管理和持续改进发挥了明显的调节作用。因为服务创新的目的是满足顾客需求,而让顾客在感知上认为满意即表现为质量过关,因此服务创新能力更强的企业,也要通过交付高质量的服务才能获取更稳定的高满意度,并通过不断调整服务效果努力达到顾客预期,保障可靠的服务交付质量,才能通过顾客感知和行为实现绩效提升。

第二,以车联网服务为例形成了制造企业基于信息技术的服务质量测量量表,并验证了服务质量对制造企业整体绩效的影响关系。服务作为服务型制造企业的一项业务重点,同传统制造业中的产品一样,其质量决定着业务甚至企业的成败。针对制造企业在服务业务开发后的服务质量管理,本书继续关注了质量管理实践的质量结果之一——服务质量的测量及相应的绩效影响。以市场上目前服务化形式发展较为成熟、消费受众较广泛的车联网服务为例,从顾客感知与行为的视角,经由定性分析与定量研究进行了车联网服务质量测量体系的建立。研究结果显示,作为改变了车辆单纯产品属性,借助信息技术将服务与车辆实体相融合的车联网系统,其服务质量含义不仅涉及传统服务质量中的抽象及互动属性,也涉及产品和技术相关的使用属性。最终研究得到的车联网服务质量测量量表包含使用效率、系统稳定性、信息质量、安全性、个性化和远程人工服务质量六个维度，维度下总共包含 22 个具体测量项。除了在其他借助信息技术提供的服务中同样提及的使用效率、系统稳定性以及个性化等维度外，以提供驾驶及安全服务为目的的车联网系统还需要特别关注信息质量及安全性方面，对这两方面质量控制的缺失将为顾客带来极大的困扰。此外，车联网服务还涉及较大范围的呼叫中心人工服务，因此员工与顾客的互动特性也被纳入测量体系内，尤其在其他自动功能无法满足顾客需求的情况下，人工服务的补充作用将正向影响甚至弥补顾客的整体感知，而较差的人工服务质量会加重对车联网体统整体服务的负面感知。而后，又通过建立结构方程模型探讨了这一多维质量概念与企业绩效间的关系，通过实证检验证实了制造企业的服务质量不仅关系着服务满意度绩效，也会对企业整体的满意度绩效和顾客忠诚度表现产生正向影响，并且不同质量维度在不同环境下的绩效影响表现也会存在差异，需要企业认真分析与对待。通过研究也再次确认了质量管理实践及其质量结果对制造企业服务化最终绩效实现的重要作用。

第三，服务质量改进也是服务质量管理中的重要组成部分，这方面的研究对于实践性的强调更多，理论发展和商业实践都需要依靠应用和案例研究的积累不断向前。本书的案例研究涉及制造企业提供的信息技术型服务改进项目，不同于产品质量控制，服务质量的无形性等特性使其难以测量，因而项目从顾客感知与需求角度出发，将顾客感知量化测量形成对于服务质量的衡量，这一观点也是前文研究通过顾客感知测量服务质量测量方法的延续。通过详细的案例研究，结论显示，在产品及生产质量改进方面发挥重要作用的六西格玛管理方法在服务质量提升领域同样能够取得可观的改进效果，服务质量通过间接转换变得量化可测后，更有助于数据驱动下质量改进方法的有效执行。而对于服务质量改进的成功因素，除服务质量的量化测量外，还有改进工具的灵活运用，当改进流程面临提升瓶颈时，也可以借助设计开发与创新式的工具（如 DFSS，TRIZ）进行再设计以达到突破式改进的效果。尤其在服务质量改进项目中，由于服务质量以顾客需求的满足和顾客感知为衡量依据，顾客驱动的方法更适合于服务质量量化和改进的推进。无论如何，在服务质量改进项目中，以顾客为出发点即关注并衡量顾客真正需求、寻找适合的改进方法论及过程、灵活运用质量改进工具、多部门配合或全员参与的资源支持等，都是保障项目实施效果的关键因素。

6.2 理论贡献与实践启示

从理论贡献上来说，本书以制造企业的服务化实践为核心，借助多种量化及实证研究方法，对制造企业的服务化转型实践和绩效保障相关领域的研究具有一定的理论意义，具体包括以下几个方面：

首先，对于制造企业成功推进服务化的影响因素，从企业运营实践层面进行了解读。通过对服务化战略实施从服务导向的理念到创新能力以及顾客相关绩效之间的关系研究，形成了服务化实现关键路径，并在此基础上强调了质量管理实践各要素发挥的保障作用。因此，在多数研究仅关注组织属性特征和外部环境带来的服务化结果影响时，本书从企业运营层面支持活动的角度，为制造企业服务化成功实施的影响因素研究丰富了理论依据，并提出，在制造企业服务化转型活动中，以获取、利用和满足顾客需求为核心的质量管理实践对服务化绩效结果有明显影响，确认了不同质量管理实践要素在制造企业服务化过程中的影响过程，并通过对这些质量管理实践要素的讨论，形成了从企业内部支持服务导向文化与创新行为，到企业外部保障业务质量表达和顾客满意度的质量管理作用观念。因此，经过在运营管理实践层面对服务化绩效实现关键影响因素的探讨，为服务化创新及服务型制造发展领域的研究补充了新思路。

其次，针对服务化企业的质量管理实践结果——服务质量，从顾客感知和需求角度进行了质量理解和绩效关系讨论。研究关注制造企业借助新兴技术提供服务时的质量评价及其绩效影响问题，对服务质量管理领域内关于制造企业提供服务的研究进行了补充，并根据其特点以产品、系统、服务等相结合形成统一的制造企业服务质量概念，通过相应的服务质量测量研究，弥补了服务质量测量领域对于制造业中相应服务研究的缺失，进一步为制造企业服务创新与运作的相关研究充实了理论基础。同时对质量结果带来的企业绩效影响路径进行了梳理，明确了服务化转型后的质量结果通过服务绩效影响制造企业整体绩效表现的关系。强化了质量管理对于制造企业服务化绩效实现的重要意义。

最后，在具体的服务运营层面关注质量问题与质量改进的实现。通过灵活的质量管理方法与工具应用，丰富了制造企业服务质量改进上的研究，并借助案例讨论强调了服务质量管理过程中顾客导向和创新方法应用的重要性，进一步为制造企业服务创新与运作的相关研究充实了理论基础。

本书对于企业及行业实践也有一定的启示作用。首先，关于服务化战略实施，从服务导向的文化层面到服务创新的运营层面再到顾客反应的绩效层面均建立了服务化实现关键路径，并从企业运营实践角度梳理了相应质量管理活动对服务化产生绩效的作用；通过证实质量管理基础实践是服务化过程中理念形成和促进转型的关键，使企业在实施服务化之初认识到服务质量等支持性运营活动的重要性，并通过强调质量核心实践对服务创新活动实现过程的重要意义，帮助企业在思考服务化实施效果问题时关注运营细节，从根本上控制并改善战略计划的实施。而后，从制造企业角度开展了服务质量测量研究，帮助企业在确认服务质量的重要性后，能够获知从哪些方面，以及如何准确测量服务质量，并借此测量方法评估顾客的感知状态和需求侧重，作为更好地提供和改善服务的依据，并通过质量与绩效的关系分析帮助企业了解如何寻找质量表现中的关键维度，帮助提升质量管理效率。最后通过服务改进案例的形象化服务质量改进步骤，为企业的服务质量量化改进难题提供了可能性的参考，并让企业了解到服务质量管理方法的应用灵活性与严谨性，在制造企业关注服务质量改进时，无论是员工培训还是项目实施阶段，都有一定的借鉴意义。本书以期能帮助企业向着健康方向不断发展，并利用产业集聚效应，加快和保障服务业与制造业的融合互动，帮助企业提升绩效，实现产业成功升级。

参考文献

[1] VANDERMERWE S, RADA J. Servitization of business: Adding value by adding services [J]. European Management Journal, 1988, 6 (4): 314-324.

[2] 孙林岩. 服务型制造理论与实践 [M]. 北京: 清华大学出版社, 2009.

[3] RABETINO R, HARMSEN W, KOHTAMÄKI M, et al. Structuring servitization-related research [J]. International Journal of Operations & Production Management, 2018, 38 (2): 350-371.

[4] 李晓华. 服务型制造与中国制造业转型升级 [J]. 当代经济管理, 2017, 39 (12): 30-38.

[5] 赵剑波, 覃毅, 邓洲. 服务型制造, 渐成新型产业形态 [J]. 中国中小企业, 2016 (8): 72-75.

[6] VISNJIC I, NEELY A, WIENGARTEN F. Another performance paradox? A refined view on the performance impact of servitization [R]. Esade Working Paper Series, 2012.

[7] NAIR A. Meta-analysis of the relationship between quality management practices and firm performance-Implications for quality management theory development [J]. Journal of Operations Management, 2006, 24 (6): 948-975.

[8] 车云网. 车联网: 决战第四屏 [M]. 北京: 电子工业出版社, 2014.

[9] MURTHY D N P, SOLEM O, ROREN T. Product warranty logistics: Issues and challenges [J]. European Journal of Operational Research, 2004, 156 (1): 110-126.

[10] GUAJARDO J A, COHEN M A, NETESSINE S. Service competition and product quality in the U. S. automobile industry [J]. Management Science, 2016, 62 (7): 1860-1877.

[11] MONT O K. Clarifying the concept of product-service system [J]. Journal of Cleaner Production, 2002, 10 (3): 237-245.

[12] TUKKER A. Eight types of product-service system: Eight ways to sustainability? Experiences from suspronet [J]. Business Strategy & the Environment, 2004, 13 (4): 246-260.

[13] CHESBROUGH H. Open service innovation: Rethinking your business to grow and compete in a new era [M]. San Francisco: Jossey-Bass, 2011.

[14] BAINES T S, LIGHTFOOT H W, EVANS S, et al. State-of-the-art in product-service

systems [J]. Proceedings of the Institution of Mechanical Engineers Part B Journal of Engineering Manufacture, 2007, 221 (10): 1543−1552.

[15] BAINES T S, LIGHTFOOT H W, BENEDETTINI O, et al. The servitization of manufacturing: A review of literature and reflection on future challenges [J]. Journal of Manufacturing Technology Management, 2009, 20 (5): 547−567.

[16] MONT O, TUKKER A. Product-service systems: Reviewing achievements and refining the research agenda [J]. Journal of Cleaner Production, 2006, 14 (17): 1451−1454.

[17] VARGO S L, LUSCH R F. Evolving to a new dominant logic for marketing [J]. Journal of Marketing, 2004, 68 (1): 1−17.

[18] SUNDIN E, BRAS B. Making functional sales environmentally and economically beneficial through product remanufacturing [J]. Journal of Cleaner Production, 2005, 13 (9): 913−925.

[19] TAO F, ZHANG L, VENKATESH V C, et al. Cloud manufacturing: a computing and service-oriented manufacturing model [J]. Proceedings of the Institution of Mechanical Engineers Part B Journal of Engineering Manufacture, 2011 (225): 1969−1976.

[20] GIRET A, GARCIA E, BOTTI V. An engineering framework for service-oriented intelligent manufacturing systems [J]. Computers in Industry, 2016 (81): 116−127.

[21] CHRISTOPHER D. Competitive product-service systems: Lessons from a multicasestudy [J]. International Journal of Production Research, 2013, 51 (19): 5671−5682.

[22] RABETINO R, KOHTAMÄKI M, LEHTONEN H, et al. Developing the concept of life-cycle service offering [J]. Industrial Marketing Management, 2015 (49): 53−66.

[23] 何哲, 孙林岩, 朱春燕. 服务型制造的概念、问题和前瞻 [J]. 科学学研究, 2010, 28 (1): 53−60.

[24] GAIARDELLI P, RESTA B, MARTINEZ V, et al. A classification model for product-service offerings [J]. Journal of Cleaner Production, 2014 (66): 507−519.

[25] KOHTAMÄKI M, PARTANEN J, PARIDA V, et al. Non-Linear relationship between industrial service offering and sales growth: The moderating role of network capabilities [J]. Industrial Marketing Management, 2013, 42 (8): 1374−1385.

[26] FORD D. IMP and service-dominant logic: Divergence, convergence and development [J]. Industrial Marketing Management, 2011, 40 (2): 231−239.

[27] DAVIES A. Moving base into high-value integrated solutions: A value stream approach [J]. Industrial & Corporate Change, 2004, 13 (5): 727−756.

[28] WINDAHL C, LAKEMOND N. Integrated solutions from a service-centered perspective: Applicability and limitations in the capital goods industry [J]. Industrial

Marketing Management, 2010, 39 (8): 1278−1290.

[29] BAINES T, BIGDELI A Z, BUSTINZA O, et al. Servitization: Revisiting the state-of-the-art and research priorities [J]. International Journal of Operations & Production Management, 2017, 37 (2): 256−278.

[30] STAHEL W R. Sustainability and services [J]. Sustainable Solutions Developing Products & Services for the Future, 2001: 151−164.

[31] ROY R. Sustainable product-service systems [J]. Futures, 2000, 32 (3): 289−299.

[32] MANZINI E, VEZZOLI C. A strategic design approach to develop sustainable product service systems: Examples taken from the 'environmentally friendly innovation' Italian prize [J]. Journal of Cleaner Production, 2003, 11 (8): 851−857.

[33] REIM W, PARIDA V, ÖRTQVIST D. Product-service systems (PSS) business models and tactics-a systematic literature review [J]. Journal of Cleaner Production, 2015 (97): 61−75.

[34] BEUREN F H, FERREIRA M G G, MIGUEL P A C. Product-service systems: A literature review on integrated products and services [J]. Journal of Cleaner Production, 2013 (47): 222−231.

[35] HOMBURG C, HOYER W D, FASSNACHT M. Service orientation of a retailer's business strategy: Dimensions, antecedents, and performance outcomes [J]. Journal of Marketing, 2002, 66 (4): 86−101.

[36] ANTIOCO M, MOENAERT R K, LINDGREEN A, et al. Organizational antecedents to and consequences of service business orientations in manufacturing companies [J]. Journal of the Academy of Marketing Science, 2008, 36 (3): 337−358.

[37] 陈洁雄. 制造业服务化与经营绩效的实证检验——基于中美上市公司的比较 [J]. 商业经济与管理, 2010, 222 (4): 33−41.

[38] 李海涛, 李华山, 田也壮. 制造服务化对企业绩效的影响机制研究 [J]. 哈尔滨工程大学学报, 2013 (7): 933−938.

[39] LINDAHL M, SUNDIN E, SAKAO T. Environmental and economic benefits of integrated product service offerings quantified with real business cases [J]. Journal of Cleaner Production, 2014, 64 (2): 288−296.

[40] MATHIEU V. Product services: From a service supporting the product to a service supporting the client [J]. Journal of Business & Industrial Marketing, 2001, 16 (1): 39−61.

[41] GEBAUER H, FLEISCH E, FRIEDLI T. Overcoming the service paradox in manufacturing companies [J]. European Management Journal, 2005, 23 (1): 14−26.

[42] BENEDETTINI O, NEELY A, SWINK M. Why do servitized firms fail? A risk-based explanation [J]. International Journal of Operations & Production Management,

2015, 35 (6): 946-979.

[43] FANG E, PALMATIER R W, STEENKAMP J B E M. Effect of service transition strategies on firm value [J]. Journal of Marketing, 2008, 72 (5): 1-14.

[44] LI J H, LIN L, CHEN D P, et al. An empirical study of servitization paradox in China [J]. Journal of High Technology Management Research, 2015, 26 (1): 66-76.

[45] KASTALLI I V, LOOY B V. Servitization: Disentangling the impact of service business model innovation on manufacturing firm performance [J]. Journal of Operations Management, 2013, 31 (4): 169-180.

[46] GEBAUER H, BO E, BJURKO M. The impact of service orientation in corporate culture on business performance in manufacturing companies [J]. Journal of Service Management, 2010, 21 (2): 237-259.

[47] EGGERT A, HOGREVE J, ULAGA W, et al. Revenue and profit implications of industrial service strategies [J]. Journal of Service Research, 2014, 17 (1): 23-39.

[48] 胡查平, 汪涛, 王辉. 制造业企业服务化绩效——战略一致性和社会技术能力的调节效应研究 [J]. 科学学研究, 2014, 32 (1): 84-91.

[49] SOUSA R, DA SILVEIRA G J. Capability antecedents and performance outcomes of servitization: Differences between basic and advanced services [J]. International Journal of Operations & Production Management, 2017, 37 (4): 444-467.

[50] FORNELL C, RUST R T, DEKIMPE M G. The effect of customer satisfaction on consumer spending growth [J]. Journal of Marketing Research, 2010, 47 (1): 28-35.

[51] CAO J, JIANG Z, WANG K. Customer demand prediction of service-oriented manufacturing incorporating customer satisfaction [J]. International Journal of Production Research, 2016, 54 (5): 1303-1321.

[52] 蔺雷, 吴贵生. 我国制造企业服务增强差异化机制的实证研究 [J]. 管理世界, 2007 (6): 103-113.

[53] WANG Q, ZHAO X, VOSS C. Customer orientation and innovation: A comparative study of manufacturing and service firms [J]. International Journal of Production Economics, 2016 (171): 221-230.

[54] 蒋楠, 赵嵩正. 知识连接、知识距离与知识共创关系研究 [J]. 情报科学, 2016, 34 (6): 138-142.

[55] 徐建中, 付静雯. 中国制造 2025 视角: 制造企业客户导向对服务创新绩效的影响 [J]. 中国科技论坛, 2018 (2): 62-70.

[56] 蔺雷, 吴贵生. 制造企业服务增强的质量弥补: 基于资源配置视角的实证研究 [J]. 管理科学学报, 2009, 12 (3): 142-154.

[57] SABBAGH O, RAHMAN M N A, WAN R I, et al. The moderation influence of warranty on customer satisfaction's antecedents: An empirical evidence from automotive

dealerships [J]. Service Industries Journal, 2017, 37 (5—6): 381-407.

[58] COHEN M A, AGRAWAL N, AGRAWAL V. Winning in the aftermarket [J]. Harvard Business Review, 2006, 84 (5): 129-138.

[59] RAJA J Z, BOURNE D, GOFFIN K, et al. Achieving customer satisfaction through integrated products and services: An exploratory study [J]. Journal of Product Innovation Management, 2013, 30 (6): 1128-1144.

[60] PAN J N, NGUYEN H T N. Achieving customer satisfaction through product-service systems [J]. European Journal of Operational Research, 2015, 247 (1): 179-190.

[61] GEBAUER H, GUSTAFSSON A, WITELL L. Competitive advantage through service differentiation by manufacturing companies [J]. Journal of Business Research, 2011, 64 (12): 1270-1280.

[62] BUSTINZA O F, BIGDELI A Z, BAINES T, et al. Servitization and competitive advantage: The importance of organizational structure and value chain position [J]. Research-Technology Management, 2015, 58 (5): 53-60.

[63] OAKLAND J S. Total quality management and operational excellence: Text with cases [M]. London; New York: Routledge, 2014.

[64] 姜鹏, 苏秦, 张鹏伟. 质量管理实践与企业绩效关系模型研究——扩展知识路径的研究视角 [J]. 科学学研究, 2013, 31 (6): 904-912.

[65] CROSBY P B. Quality is free [M]. New York: New American Library, 1979.

[66] JURAN J M. Product quality-a prescription for the west, part 1 [J]. Management Review, 1981, 70 (6): 8-14.

[67] JURAN J M. Product quality-a prescription for the west, part 2 [J]. Management Review, 1981, 70 (7): 56-61.

[68] DEMING W E. Out of the crisis [M]. Cambridge: MIT Center for Advanced Engineering, 1986.

[69] GARVIN D A. Competing on the eight dimensions of quality [J]. Harvard Business Review, 1987, 65 (6): 101-109.

[70] SARAPH J V, BENSON P G, SCHROEDER R G. An instrument for measuring the critical factors of quality management [J]. Decision Sciences, 1989, 20 (4): 810-829.

[71] AHIRE S L, GOLHAR D Y, WALLER M A. Development and validation of TQM implementation constructs [J]. Decision Sciences, 1996, 27 (1): 23-56.

[72] DOW D, SAMSON D, FORD S. Exploding the myth: Do all quality management practices contribute to superior quality performance? [J]. Production & Operations Management, 2010, 8 (1): 1-27.

[73] KAYNAK H. The relationship between total quality management practices and their effects on firm performance [J]. Journal of Operations Management, 2003, 21 (4):

405-435.

[74] CLAVER E, TARÍ J J, MOLINA J F. Critical factors and results of quality management: An empirical study [J]. Total Quality Management & Business Excellence, 2003, 14 (1): 91-118.

[75] HENDRICKS K B, SINGHAL V R. Does implementing an effective TQM program actually improve operating performance? Empirical evidence from firms that have won quality awards [J]. Management Science, 1997, 43 (9): 1258-1274.

[76] SAMSON D, TERZIOVSKI M. Relationship between total quality management practices and operational performance [J]. Journal of Operations Management, 1999, 17 (4): 393-409.

[77] LAU R, ZHAO X, XIAO M. Assessing quality management in China with MBNQA criteria [J]. International Journal of Quality & Reliability Management, 2004, 21 (7): 699-713.

[78] LEE S M, RHO B H, LEE S G. Impact of Malcolm Baldrige National Quality Award Criteria on organizational quality performance [J]. International Journal of Production Research, 2003, 41 (9): 2003-2020.

[79] WILSON D D, COLLIER D A. An empirical investigation of the Malcolm Baldrige National Quality Award causal model [J]. Decision Sciences, 2000, 31 (2): 361-383.

[80] ESKILDSEN J K, DAHLGAARD J J. A causal model for employee satisfaction [J]. Total Quality Management, 2000, 11 (8): 1081-1094.

[81] CALVO-MORA A, LEAL A, ROLDÁN J L. Relationships between the EFQM model criteria: A study in Spanish universities [J]. Total Quality Management & Business Excellence, 2005, 16 (6): 741-770.

[82] ADAM E E. Alternative quality improvement practices and organization performance [J]. Journal of Operations Management, 1994, 12 (1): 27-44.

[83] FLYNN B B, SCHROEDER R G, SAKAKIBARA S. The impact of quality management practices on performance and competitive advantage [J]. Decision Sciences, 1995, 26 (5): 659-691.

[84] HO D C K, DUFFY V G, SHIH H M. Total quality management: An empirical test for mediation effect [J]. International Journal of Production Research, 2001, 39 (3): 529-548.

[85] FUENTES-FUENTES M M, ALBACETE-SÁEZ C A, LLORÉNS-MONTES F J. The impact of environmental characteristics on TQM principles and organizational performance [J]. Omega, 2004, 32 (6): 425-442.

[86] TARÍ J J, MOLINA J F, CASTEJÓN J L. The relationship between quality management practices and their effects on quality outcomes [J]. European Journal of Operational Research, 2007, 183 (2): 483-501.

[87] ZU X. Infrastructure and core quality management practices: How do they affect quality? [J]. International Journal of Quality & Reliability Management, 2009, 26 (2): 129-149.

[88] PHAN A C, ABDALLAH A B, MATSUI Y. Quality management practices and competitive performance: Empirical evidence from Japanese manufacturing companies [J]. International Journal of Production Economics, 2011, 133 (2): 518-529.

[89] SÁNCHEZ-RODRÍGUEZ C, MARTÍNEZ-LORENTE R A. Effect of it and quality management on performance [J]. Industrial Management & Data Systems, 2011, 111 (6): 830-848.

[90] WANG C H, CHEN K Y, CHEN S C. Total quality management, market orientation and hotel performance: The moderating effects of external environmental factors [J]. International Journal of Hospitality Management, 2012, 31 (1): 119-129.

[91] AZIZ A, HERANI G M, NASAR A. Ameliorating financial performance through implementing total quality management practices: A study of Pakistani banks [J]. Kasbit Business Journal, 2012 (5): 1-9.

[92] TALIB F, RAHMAN Z, QURESHI M N. An empirical investigation of relationship between total quality management practices and quality performance in Indian service companies [J]. International Journal of Quality & Reliability Management, 2013, 30 (3): 280-318.

[93] LEE H H, LEE C Y. The effects of total quality management and organisational learning on business performance: Evidence from Taiwanese insurance industries [J]. Total Quality Management & Business Excellence, 2014, 25 (9-10): 1072-1087.

[94] AL-ETTAYYEM R, ZU'BI M F. Investigating the effect of total quality management practices on organizational performance in the Jordanian banking sector [J]. International Business Research, 2015, 8 (3): 79-90.

[95] BASU R, BHOLA P, GHOSH I, et al. Critical linkages between quality management practices and performance from Indian it enabled service SMEs [J]. Total Quality Management & Business Excellence, 2018, 29 (7-8): 1-39.

[96] XIONG J, HE Z, DENG Y, et al. Quality management practices and their effects on the performance of public hospital [J]. International Journal of Quality and Service Sciences, 2017, 9 (3-4): 383-401.

[97] ANDERSON J C, RUNGTUSANATHAM M, SCHROEDER R G, et al. A path analytic model of a theory of quality management underlying the Deming management method: Preliminary empirical findings [J]. Decision Sciences, 1995, 26 (5): 637-658.

[98] MARTINEZ-LORENTE A R, DEWHURST F W, GALLEGO-RODRIGUEZ A. Relating TQM, marketing and business performance: An exploratory study [J].

International Journal of Production Research, 2000, 38 (14): 3227-3246.

[99] SILA I. Examining the effects of contextual factors on TQM and performance through the lens of organizational theories: An empirical study [J]. Journal of Operations Management, 2007, 25 (1): 83-109.

[100] GAVIN D. What does product quality really mean? [J]. Sloan Management Review, 1984, 26 (1): 25-43.

[101] MAIGA A S, JACOBS, F A. Antecedents and consequences of quality performance [J]. Behavioral Research in Accounting, 2005 (17): 111-131.

[102] ARAWATI A. The structural linkages between TQM, product quality performance, and business performance: Preliminary empirical study in electronics companies [J]. Singapore Management Review, 2005, 27 (1): 87-105.

[103] PARVADAVARDINI S, VIVEK N, DEVADASAN S R. Impact of quality management practices on quality performance and financial performance: Evidence from Indian manufacturing companies [J]. Total Quality Management & Business Excellence, 2016, 27 (5-6): 507-530.

[104] 宋永涛, 苏秦. 基于贝叶斯网络的质量管理实践对绩效的影响评价 [J]. 系统工程理论与实践, 2011, 31 (8): 1440-1446.

[105] PINHO J C. TQM and performance in small medium enterprises: The mediating effect of customer orientation and innovation [J]. International Journal of Quality & Reliability Management, 2008, 25 (3): 256-275.

[106] 李钊, 苏秦, 宋永涛. 质量管理实践对企业绩效影响机制的实证研究 [J]. 科研管理, 2008, 29 (1): 41-47.

[107] RAHMAN S U, BULLOCK P. Soft TQM, hard TQM, and organisational performance relationships: An empirical investigation [J]. Omega, 2005, 33 (1): 73-83.

[108] 奉小斌, 陈丽琼. 质量管理实践、组织学习与企业绩效关系研究——基于浙江制造企业的实证分析 [J]. 管理评论, 2016, 28 (1): 31-41.

[109] CHENG T C E, CHOY P W C. A study of the relationships between quality management practices and organizational performance in the shipping industry [J]. Maritime Economics & Logistics, 2013, 15 (1): 1-31.

[110] PSOMAS E L, JACA C. The impact of total quality management on service company performance: Evidence from Spain [J]. International Journal of Quality & Reliability Management, 2016, 33 (3): 380-398.

[111] ABRUNHOSA A, SÁ P M E. Are TQM principles supporting innovation in the Portuguese footwear industry? [J]. Technovation, 2008, 28 (4): 208-221.

[112] JURAN J M. Juran on planning for quality [M]. New York: The Free

Press，1988.

[113] PRAJOGO D I, SOHAL A S. The relationship between TQM practices, quality performance, and innovation performance: An empirical examination [J]. International Journal of Quality & Reliability Management，2003, 20 (8)：901－918.

[114] MARTÍNEZ-COSTA M, MARTÍNEZ-LORENTE A R. Does quality management foster or hinder innovation: An empirical study of Spanish companies [J]. Total Quality Management & Business Excellence，2008, 19 (3)：209－221.

[115] SATISH K, SRINIVASAN R. Total quality management and innovation performance: An empirical study on the interrelationships and effects [J]. South Asian Journal of Management，2010, 17 (3)：43－48.

[116] 李全喜，孙磐石，金凤花. 质量管理与组织创新、组织绩效的关系——以我国制造类企业为例的实证研究 [J]. 科技进步与对策，2011, 28 (6)：88－93.

[117] KIM D Y, KUMAR V, KUMAR U. Relationship between quality management practices and innovation [J]. Journal of Operations Management，2012, 30 (4)：295－315.

[118] KHAN B A, NAEEM H. Measuring the impact of soft and hard quality practices on service innovation and organisational performance [J]. Total Quality Management & Business Excellence，2016, 29 (11－12)：1402－1426.

[119] PRAJOGO D I, SOHAL A S. The multidimensionality of TQM practices in determining quality and innovation performance-An empirical examination [J]. Technovation，2004, 24 (6)：443－453.

[120] FENG J, PRAJOGO D I, CHUAN TAN K, et al. The impact of TQM practices on performance [J]. European Journal of Innovation Management，2006, 9 (3)：269－278.

[121] PERDOMO-ORTIZ J, GONZÁLEZ-BENITO J, GALENDE J. The intervening effect of business innovation capability on the relationship between total quality management and technological innovation [J]. International Journal of Production Research，2009, 47 (18)：5087－5107.

[122] OOI K-B, LIN B, TEH P-L, et al. Does TQM support innovation performance in Malaysia's manufacturing industry? [J]. Journal of Business Economics and Management，2012, 13 (2)：366－393.

[123] LONG C S, ABDUL AZIZ M, KOWANG T O, et al. Impact of TQM practices on innovation performance among manufacturing companies in Malaysia [J]. South African Journal of Industrial Engineering，2015, 26 (1)：75－85.

[124] BENNER M J, TUSHMAN M L. Exploitation, exploration, and process management: The productivity dilemma revisited [J]. Academy of Management Review，2003, 28 (2)：238－256.

[125] SINGH P J, SMITH A J R. Relationship between TQM and innovation: An empirical study [J]. Journal of Manufacturing Technology Management, 2004, 15 (5): 394–401.

[126] HOANG T D, IGEL B, LAOSIRIHONGTHONG T. The impact of total quality management on innovation [J]. International Journal of Quality & Reliability Management, 2006, 23 (9): 1092–1117.

[127] PRAJOGO D I, SOHAL A S. TQM and innovation: A literature review and research framework [J]. Technovation, 2001, 21 (9): 539–558.

[128] GRÖNROOS C. An applied service marketing theory [J]. European Journal of Marketing, 1982, 16 (7): 30–41.

[129] PARASURAMAN A, ZEITHAML V A, BERRY L L. A conceptual model of service quality and its implications for future research [J]. Journal of Marketing, 1985, 49 (4): 41–50.

[130] ZEITHAML V A, BERRY L L, PARASURAMAN A. Communication and control processes in the delivery of service quality [J]. Journal of Marketing, 1988, 52 (2): 35–48.

[131] BROGOWICZ A A, DELENE L M, LYTH D M. A Synthesised service quality model with managerial implications [J]. International Journal of Service Industry Management, 1989, 1 (1): 27–45.

[132] BOLTON R N, DREW J H. A multistage model of customers' assessments of service quality and value [J]. Journal of Consumer Research, 1991, 17 (4): 375–384.

[133] BITNER M J, HUBBERT A R. Encounter satisfaction versus overall satisfaction versus quality [J]. Service Quality: New Directions in Theory and Practice, 1994, 34 (2): 72–94.

[134] PHILIP G, HAZLETT S. The measurement of service quality: A new PCP attributes model [J]. International Journal of Quality & Reliability Management, 1997, 14 (3): 260–286.

[135] 徐金灿, 马谋超, 陈毅文. 服务质量的研究综述 [J]. 心理科学进展, 2002, 10 (2): 233–239.

[136] BRADY M K, CRONIN JR J J, BRAND R R. Performance-only measurement of service quality: A replication and extension [J]. Journal of Business Research, 2002, 55 (1): 17–31.

[137] COLLIER J E, BIENSTOCK C C. Measuring service quality in e-retailing [J]. Journal of Service Research, 2006, 8 (3): 260–275.

[138] RADOMIR L, PLAIAS I, NISTOR V C. Review of the service quality concept-past, present and perspectives [C]. Proceedings of the International Conference Marketing-From

Information to Decision, Babes Bolyai University, 2012: 404.

[139] 金灵华. 物流服务质量与网购消费者忠诚度的关系研究[J]. 物流工程与管理, 2013, 35 (1): 117-120.

[140] 陈晓翠, 王璐, 徐思蒙, 等. 基于服务质量的顾客满意度文献综述[J]. 中国管理信息化, 2016, 19 (11): 102-105.

[141] OLIVEIRA P, ROTH A V. The influence of service orientation on B2B e-service capabilities: An empirical investigation [J]. Production & Operations Management, 2012, 21 (3): 423-443.

[142] ZEITHAML V A, BERRY L L, PARASURAMAN A. The nature and determinants of customer expectations of service [J]. Journal of the Academy of Marketing Science, 1993, 21 (1): 1-12.

[143] CRONIN J J, TAYLOR S A. Measuring service quality: A reexamination and extension [J]. Journal of Marketing, 1992, 56 (3): 55-68.

[144] CRONIN J J, TAYLOR S A. SERVPERF versus SERVQUAL: Reconciling performance-based and perceptions-minus-expectations measurement of service quality [J]. Journal of Marketing, 1994, 58 (1): 125-131.

[145] FORNELL C. A national customer satisfaction barometer: The Swedish experience [J]. Journal of Marketing, 1992, 56 (1): 6-21.

[146] FORNELL C, JOHNSON M D, ANDERSON E W, et al. The American customer satisfaction index: Nature, purpose, and findings [J]. Journal of Marketing, 1996, 60 (4): 7-18.

[147] HSU S H. Developing an index for online customer satisfaction: Adaptation of American customer satisfaction index [J]. Expert Systems with Applications, 2008, 34 (4): 3033-3042.

[148] KAI K, ESKILDSEN J. The relationship between SERVQUAL, national customer satisfaction indices, and consumer sentiment [J]. Quality Management Journal, 2012, 19 (2): 47-61.

[149] PARASURAMAN A, ZEITHAML V A, MALHOTRA A. E-S-Qual: A multiple-item scale for assessing electronic service quality [J]. Journal of Service Research, 2005, 7 (3): 213-233.

[150] WOLFINBARGER M, GILLY M C. eTailQ: Dimensionalizing, measuring and predicting etail quality [J]. Journal of Retailing, 2003, 79 (3): 183-198.

[151] LIN J S C, HSIEH P L. Assessing the self-service technology encounters: Development and validation of sstqual scale [J]. Journal of Retailing, 2011, 87 (2): 194-206.

[152] NASR N, ESHGHI A, GANGULI S. Service quality in hybrid services: A

consumer value chain framework [J]. Journal of Services Research, 2012, 12 (1): 115-130.

[153] GANGULI S, ROY S G S K. Conceptualization of service quality for hybrid services: A hierarchical approach [J]. Total Quality Management & Business Excellence, 2013, 24 (9-10): 1202-1218.

[154] DABHOLKAR P A, THORPE D I, RENTZ J O. A measure of service quality for retail stores: Scale development and validation [J]. Journal of the Academy of Marketing Science, 1995, 24 (1): 3-16.

[155] VAN BIRGELEN M, RUYTER D K, JONG D A, et al. Customer evaluations of after-sales service contact modes: An empirical analysis of national culture's consequences [J]. International Journal of Research in Marketing, 2002, 19 (1): 43-64.

[156] ABDULLAH F, SUHAIMI R, SABAN G, et al. Bank service quality (BSQ) index: An indicator of service performance [J]. International Journal of Quality & Reliability Management, 2011, 28 (5): 542-555.

[157] HAN S, HAM S, YANG I, et al. Passengers' perceptions of airline lounges: Importance of attributes that determine usage and service quality measurement [J]. Tourism Management, 2012, 33 (5): 1103-1111.

[158] RYU K, LEE H R, GON KIM W. The influence of the quality of the physical environment, food, and service on restaurant image, customer perceived value, customer satisfaction, and behavioral intentions [J]. International Journal of Contemporary Hospitality Management, 2012, 24 (2): 200-223.

[159] SANTOS J. E-service quality: A model of virtual service quality dimensions [J]. Managing Service Quality: An International Journal, 2003, 13 (3): 233-246.

[160] O'CASS A, CARLSON J. An empirical assessment of consumers' evaluations of web site service quality: Conceptualizing and testing a formative model [J]. Journal of Services Marketing, 2012, 26 (6): 419-434.

[161] PAPADOMICHELAKI X, MENTZAS G. E-Govqual: A multiple-item scale for assessing e-government service quality [J]. Government Information Quarterly, 2012, 29 (1): 98-109.

[162] TAN C W, BENBASAT I, CENFETELLI R T. IT-mediated customer service content and delivery in electronic governments: An empirical investigation of the antecedents of service quality [J]. Mis Quarterly, 2013, 37 (1): 77-109.

[163] HARUNA B, KIRAN K, TAHIRA M. Modelling web-based library service quality and user loyalty in the context of a developing country [J]. Electronic Library, 2017, 35 (3): 507-519.

[164] KIM K J, LIM C H, HEO J Y, et al. An evaluation scheme for product-service

system models: Development of evaluation criteria and case studies [J]. Service Business, 2016, 10 (3): 507-530.

[165] ZHANG W, BANERJI S. Challenges of servitization: A systematic literature review [J]. Industrial Marketing Management, 2017 (65): 217-227.

[166] BAINES T, LIGHTFOOT H W. Servitization of the manufacturing firm: Exploring the operations practices and technologies that deliver advanced services [J]. International Journal of Operations & Production Management, 2013, 34 (1): 2-35.

[167] GEBAUER H. Identifying service strategies in product manufacturing companies by exploring environment-strategy configurations [J]. Industrial Marketing Management, 2008, 37 (3): 278-291.

[168] NEU W A, BROWN S W. Manufacturers forming successful complex business services [J]. International Journal of Service Industry Management, 2008, 19 (19): 232-251.

[169] OLIVA R, KALLENBERG R. Managing the transition from products to services [J]. International Journal of Service Industry Management, 2003, 14 (2): 160-172.

[170] EGGERT A, HOGREVE J, ULAGA W, et al. Revenue and profit implications of industrial service strategies [J]. Journal of Service Research, 2014, 17 (1): 23-39.

[171] OLIVEIRA P, ROTH A V. Service orientation: The derivation of underlying constructs and measures [J]. International Journal of Operations & Production Management, 2012a, 32 (2): 156-190.

[172] 吴清津. 以服务导向增强企业竞争力 [J]. 商业经济文荟, 2002 (5): 9-11.

[173] LYTLE R S, TIMMERMAN J E. Service orientation and performance: An organizational perspective [J]. Journal of Services Marketing, 2006 (20): 136-147.

[174] HOMBURG C, HOYER W D, FASSNACHT M. Service orientation of a retailer's business strategy: Dimensions, antecedents, and performance outcomes [J]. Journal of Marketing, 2002, 66 (4): 86-101.

[175] MENOR L J, ROTH A V. New service development competence in retail banking: Construct development and measurement validation [J]. Journal of Operations Management, 2007, 25 (4): 825-846.

[176] 张文红, 张骁, 翁智明. 制造企业如何获得服务创新的知识？——服务中介机构的作用 [J]. 管理世界, 2010, 22 (10): 122-134.

[177] OLIVEIRA P, VON HIPPEL E. Users as service innovators: The case of banking services [J]. Research Policy, 2011, 40 (6): 806-818.

[178] MITTAL V, KAMAKURA W A. Satisfaction, repurchase intent, and repurchase behavior: Investigating the moderating effect of customer characteristics [J]. Journal of Marketing Research, 2001, 38 (1): 131-142.

[179] GUPTA S, ZEITHAML V. Customer metrics and their impact on financial performance [J]. Marketing Science, 2006, 25 (6): 718-739.

[180] BOYER K K, HALLOWELL R, ROTH A V. E-services: Operating strategy-a case study and a method for analyzing operational benefits [J]. Journal of Operations Management, 2002, 20 (2): 175-188.

[181] FROEHLE C M, ROTH A V. New measurement scales for evaluating perceptions of the technology-mediated customer service experience [J]. Journal of Operations Management, 2004, 22 (1): 1-21.

[182] HESKETT J L, JONES T O, LOVEMAN G W, et al. Putting the service-profit chain to work [J]. Harvard Business Review, 1994, 72 (2): 164-170.

[183] JURAN J M. The quality trilogy [J]. Quality Progress, 1986, 19 (8): 19-24.

[184] POWELL T C. Total quality management as competitive advantage: A review and empirical study [J]. Strategic Management Journal, 1995, 16 (1): 15-37.

[185] LAKHAL L, PASIN F, LIMAM M. Quality management practices and their impact on performance [J]. International Journal of Quality & Reliability Management, 2006, 23 (6): 625-646.

[186] 熊伟,奉小斌. 基于企业特征变量的质量管理实践与绩效关系的实证研究 [J]. 浙江大学学报(人文社会科学版),2012,42 (1): 188-200.

[187] 邓钰佳. 六西格玛实践与组织创新等关系研究 [D]. 天津: 天津大学,2017.

[188] SCHONBERGER R. World class manufacturing [M]. New York: the Free Press, 1985.

[189] 罗建强,彭永涛,张银萍. 面向服务型制造的制造企业服务创新模式研究 [J]. 当代财经,2014 (12): 67-76.

[190] 许晖,张海军. 制造业企业服务创新能力构建机制与演化路径研究 [J]. 科学学研究,2016,34 (2): 298-311.

[191] ZOMERDIJK L G, VOSS C A. NSD processes and practices in experiential services [J]. Journal of Product Innovation Management, 2011, 28 (1): 63-80.

[192] 刘喆,杨勇,马钦海,等. 多视角服务导向对服务创新行为的跨层次影响机制 [J]. 人类工效学,2016,22 (2): 4-11.

[193] 刘玉伟,高杰,王欢. 服务导向的员工管理对服务拓展与运作绩效影响的实证研究 [J]. 系统管理学报,2017,26 (2): 346-355.

[194] 曲婉. 基于服务创新的制造企业服务转型影响因素研究 [J]. 科研管理,2012,33 (10): 64-72.

[195] WRIGHT N D, PEARCE J W, BUSBIN J W. Linking customer service orientation to competitive performance: Does the marketing concept really work? [J]. Journal of Marketing Theory and Practice, 1997, 5 (4): 23-34.

[196] LYNN M L, LYTLE R S, BOBEK S. Service orientation in transitional markets: Does it matter? [J]. European Journal of Marketing, 2000, 34 (3-4): 279-298.

[197] 姜铸, 李宁. 服务创新、制造业服务化对企业绩效的影响 [J]. 科研管理, 2015, 36 (5): 29-37.

[198] PRABHU V B, ROBSON A. Achieving service excellence-Measuring the impact of leadership and senior management commitment [J]. Managing Service Quality, 2000, 10 (5): 307-17.

[199] CHOWDHARY N, SARASWAT B P. Service leadership study [J]. Journal of Services Research, 2003, 3 (2): 105-23.

[200] OLIVEIRA P, ROTH A V. Service orientation: The derivation of underlying constructs and measures [J]. International Journal of Operations & Production Management, 2012, 32 (2): 156-190.

[201] LYTLE R S, HOM P, MOKWA M P. Servor: A managerial measure of organizational service orientation [J]. Journal of Retailing, 1998, 74 (4): 455-89.

[202] CHOO A S, LINDERMAN K W, SCHROEDER R G. Method and context perspective on learning and knowledge creation in quality management [J]. Journal of Operations Management, 2007, 25 (4): 918-931.

[203] JAIN R, JAIN S, DHAR U. Curel: A scale for measuring customer relationship management effectiveness in service sector [J]. Journal of Services Research, 2007, 7 (1): 37-58.

[204] 张若勇, 刘新梅, 张永胜. 顾客参与和服务创新关系研究: 基于服务过程中知识转移的视角 [J]. 科学学与科学技术管理, 2007, 28 (10): 92-97.

[205] HENNIGTHURAU T, GWINNER K P, GREMLER D D. Understanding relationship marketing outcomes [J]. Journal of Service Research, 2002 (4): 230-247.

[206] GUPTA A, SMITH K G, SHALLEY C E. The interplay between exploration and exploitation [J]. Academy of Management Journal, 2006, 49 (4): 693-706.

[207] 陈坤成, 王哲夫. 服务创新、服务质量与顾客满意度关联性之研究 [J]. 科技管理研究, 2010, 30 (S1): 249-256.

[208] LIEVENS A, MOENAERT R K. New service teams as information-processing systems [J]. Journal of Service Research, 2000, 3 (1): 46-65.

[209] FYNES B, VOSS C. A path analytic model of quality practices, quality performance, and business performance [J]. Production & Operations Management, 2001, 10 (4): 494-513.

[210] ZEITHAML V A. The behavioral consequences of service quality [J]. Journal of Marketing, 1996, 60 (2): 31-46.

[211] BRISLIN R W. Back-translation for cross-cultural research [J]. Journal of Cross-Cultural

Psychology, 1970, 1 (3): 185-216.

[212] WINER R S. A framework for customer relationship management [J]. California Management Review, 2001, 43 (4): 89-105.

[213] NATH R, RAHEJA R. Competencies in hospitality industry [J]. Journal of Services Research, 2001, 1 (1): 25-33.

[214] THOMPSON B. Exploratory and confirmatory factor analysis: Understanding concepts and applications [M]. Washington D. C.: American Psychological Association, 2004.

[215] KLINE R B. Principles and practice of structural equation modeling [M]. New York: Guilford Press, 2011.

[216] ROBERT C. MACCALLUM, SEHEE HONG. Power analysis in covariance structure modeling using GFI and AGFI [J]. Multivariate Behavioral Research, 1997, 32 (2): 193-210.

[217] HU L T, BENTLER P M. Cutoff criteria for fit indexes in covariance structure analysis: conventional criteria versus new alternatives [J]. Structural Equation Modeling: A Multidisciplinary Journal, 1999, 6 (1): 1-55.

[218] HAIR J F, BLACK W C, BABIN B J, et al. Multivariate data analysis: A global perspective (7th edition) [M]. Upper Saddle River: Prentice Hall, 2010.

[219] WIXOM B H, WATSON H J. An empirical investigation of the factors affecting data warehousing success [J]. Mis Quarterly, 2001, 25 (1): 17-41.

[220] HOYLE R H. Structural equation modeling: Concepts, issues and applications [M]. London: Sage Publications, 1995.

[221] 吴明隆. 问卷统计分析实务：SPSS 操作与应用 [M]. 重庆：重庆大学出版社, 2010.

[222] FORNELL C, LARCKER D F. Structural equation models with unobservable variables and measurement error: Algebra and statistics [J]. Journal of Marketing Research, 1981, 18 (1): 39-50.

[223] NUNNALLY J C. Psychometric methods [M]. New York: Mcgraw Hill, 1978.

[224] SEGARS A H, GROVER V. Strategic information systems planning success: An investigation of the construct and its measurement [J]. MIS Quarterly, 1998, 22 (2): 139-163.

[225] PODSAKOFF P M, MACKENZIE S B, PODSAKOFF N P. Sources of method bias in social science research and recommendations on how to control it [J]. Annual Review of Psychology, 2012, 63 (1): 539-569.

[226] PODSAKOFF P, ORGAN D. Self-reports in organizational research: Problems and prospects [J]. Journal of Management, 1986, 12 (4): 531-544.

[227] PODSAKOFF P M, MACKENZIE S B, LEE J Y, et al. Common method biases in behavioral research: A critical review of the literature and recommended remedies [J]. Journal of Applied Psychology, 2003, 88 (5): 879−903.

[228] VINZI V E, CHIN W W, HENSELER J, et al. Handbook of partial least squares: Concepts, methods and applications [M]. Heidelberg: Springer, 2010.

[229] HAIR J F, SARSTEDT M. PLS-SEM: Indeed a silver bullet [J]. Journal of Marketing Theory & Practice, 2011, 19 (2): 139−152.

[230] HENSELER J, DIJKSTRA T K, SARSTEDT M, et al. Common beliefs and reality about partial least squares: Comments on Rönkkö & Evermann (2013) [J]. Social Science Electronic Publishing, 2014, 17 (2): 182−209.

[231] SOBEL M E. Asymptotic confidence intervals for indirect effects in structural equation models [J]. Sociological Methodology, 1982, 13 (13): 290−312.

[232] PREACHER K J, HAYES A F. SPSS and SAS procedures for estimating indirect effects in simple mediation models [J]. Behavior Research Methods Instruments & Computers, 2004, 36 (4): 717−731.

[233] HAYES A F. Beyond Baron and Kenny: Statistical mediation analysis in the new millennium [J]. Communication Monographs, 2009, 76 (4): 408−420.

[234] HAIR J F, SARSTEDT M, HOPKINS L, et al. Partial least squares structural equation modeling (PLS-SEM) [J]. Long Range Planning, 2013, 46 (1−2): 184−185.

[235] 李军锋, 龙勇, 杨秀苔. 质量管理在制造技术与企业绩效中的中介效应检验——基于Bootstrap法的结构方程分析 [J]. 科研管理, 2010 (31): 74−85.

[236] MONETA G B. Leader behaviours and the work environment for creativity: Perceived leader support [J]. Leadership Quarterly, 2004, 15 (1): 5−32.

[237] KIM N, ATUAHENE-GIMA K. Using exploratory and exploitative market learning for new product development [J]. Journal of Product Innovation Management, 2010, 27 (4): 519−536.

[238] ZHANG D L, LINDERMAN K, SCHROEDER R G. Customizing quality management practices: A conceptual and measurement framework [J]. Decision Sciences, 2014, 45 (1): 81−114.

[239] GIANNOPOULOS G A. The application of information and communication technologies in transport [J]. European Journal of Operational Research, 2007, 152 (2): 302−320.

[240] BERTOZZI M, BROGGI A, FASCIOLI A. Vision-based intelligent vehicles: State of the art and perspectives [J]. Robotics & Autonomous Systems, 2000, 32 (1): 1−16.

[241] BARABBA V, HUBER C, COOKE F, et al. A multimethod approach for creating new business models: The general motors OnStar project [J]. Interfaces, 2002, 32

(1): 20-34.

[242] ZHAO Y. Telematics: Safe and fun driving [J]. Intelligent Systems IEEE, 2002, 17 (1): 10-14.

[243] JENSEN C. 'Aggravating' Myford touch sends ford plummeting in J. D. power quality survey. [EB/OL]. (2011-06-23) http://wheels.blogs.nytimes.com/Aggravating-Myfordtouch-Sends-Ford-Plummeting-in-J-D-Powerquality-Survey/.

[244] CHURCHILL G A. A paradigm for developing better measures of marketing constructs [J]. Journal of Marketing Research, 1979, 16 (1): 64-73.

[245] HINKIN T R. A brief tutorial on the development of measures for use in survey questionnaires [J]. Organizational Research Methods, 1998, 1 (1): 104-121.

[246] PANDIT N R. The creation of theory: A recent application of the grounded theory method [J]. Qualitative Report, 1996, 2 (4): 1-15.

[247] DAGGER T S, SWEENEY J C, JOHNSON L W. A hierarchical model of health service quality: Scale development and investigation of an integrated model [J]. Journal of Service Research, 2007, 10 (2): 123-142.

[248] GERBING D W, ANDERSON J C. Monte Carlo evaluations of goodness of fit indices for structural equation models [J]. Sociological Methods & Research, 2014, 21 (2): 132-160.

[249] BYRNE B M. Structural equation modeling with LISREL, PRELIS, and SIMPLIS: Basic concepts, applications, and programming [J]. Structural Equation Modeling a Multidisciplinary Journal, 1998, 7 (4): 640-643.

[250] OLORUNNIWO F, HSU M K. A typology analysis of service quality, customer satisfaction and behavioral intentions in mass services [J]. Journal of Service Theory & Practice, 2006, 16 (2): 106-123.

[251] MEUTER M L, OSTROM A L, Roundtree R I, et al. Self-service technologies: Understanding customer satisfaction with technology-based service encounters [J]. Journal of Marketing, 2000, 64 (3): 50-64.

[252] DOLL W J, TORKZADEH G. The measurement of end-user computing satisfaction [J]. Mis Quarterly, 1988, 12 (2): 259-274.

[253] WANG Y S, LIAO Y W. The conceptualization and measurement of m-commerce user satisfaction [J]. Computers in Human Behavior, 2007, 23 (1): 381-398.

[254] BITNER M J, BROWN S W, MEUTER M L. Technology infusion in service encounters [J]. Journal of the Academy of Marketing Science, 2000, 28 (1): 138-149.

[255] DEAN A M. Service quality in call centres: Implications for customer loyalty [J]. Managing Service Quality, 2002, 12 (6): 414-423.

[256] RAFAELI A, ZIKLIK L, DOUCET L. The impact of call center employees'

customer orientation behaviors on service quality [J]. Journal of Service Research,2008, 10 (3): 239-255.

[257] BAGOZZI R P, YI Y. On the evaluation of structural equation models [J]. Journal of the Academy of Marketing Science, 1988, 16 (1): 74-94.

[258] BENTLER P M. Alpha, dimension-free, and model-based internal consistency reliability [J]. Psychometrika, 2009, 74 (1): 137-143.

[259] FORNELL C, LARCKER D F. Evaluating structural equation models with unobservable variables and measurement error [J]. Journal of Marketing Research, 1981, 18 (1): 39-50.

[260] AŽMAN S, GOMIŠČEK B. Functional form of connections between perceived service quality, customer satisfaction and customer loyalty in the automotive servicing industry [J]. Total Quality Management & Business Excellence, 2015, 26 (7-8): 888-904.

[261] ZEITHAML V A, BERRY L L, Parasuraman A. The behavioral consequences of service quality [J]. Journal of Marketing, 1996, 60 (2): 31-46.

[262] SARAVANAN R, RAO K S P. Measurement of service quality from the customer's perspective-An empirical study [J]. Total Quality Management & Business Excellence, 2007, 18 (4): 435-449.

[263] CHOI T Y, EBOCH K. The TQM paradox: Relations among TQM practices, plant performance, and customer satisfaction [J]. Journal of Operations Management, 1998, 17 (1): 59-75.

[264] HASAN M, KERR R M. The relationship between total quality management practices and organisational performance in service organisations [J]. TQM Magazine, 2003, 15 (4): 286-291.

[265] 姜鹏, 苏秦, 宋永涛, 等. 不同情景下质量管理实践与企业绩效模型的实证研究 [J]. 管理评论, 2010, 22 (11): 111-119.

[266] HE Z, YANG X, WANG W, et al. Measuring service quality in telematics service: Development and validation of multidimensional TeleServQ scale [J]. Total Quality Management & Business Excellence, 2017, 28 (9-10): 1166-1182.

[267] SOUSA R, VOSS C. The impacts of e-service quality on customer behaviour in multi-channel e-services [J]. Total Quality Management & Business Excellence, 2012, 23 (7-8): 789-806.

[268] MEESALA A, PAUL J. Service quality, consumer satisfaction and loyalty in hospitals: Thinking for the future [J]. Journal of Retailing and Consumer Services, 2018 (40): 261-269.

[269] ASHRAF S, ILYAS R, IMTIAZ M, et al. Impact of service quality, corporate

image and perceived value on brand loyalty with presence and absence of customer satisfaction: A study of four service sectors of Pakistan [J]. International Journal of Academic Research in Business and Social Sciences, 2018, 8 (2): 452−474.

[270] JARVIS C B, MACKENZIE S B, PODSAKOFF P M. A critical review of construct indicators and measurement model misspecification in marketing and consumer research [J]. Journal of Consumer Research, 2003, 30 (2): 199−218.

[271] LEE N, CADOGAN J W. Problems with formative and higher-order reflective variables [J]. Journal of Business Research, 2013, 66 (2): 242−247.

[272] HAU K T, MARSH H W. The use of item parcels in structural equation modelling: Non-normal data and small sample sizes [J]. British Journal of Mathematical & Statistical Psychology, 2011, 57 (2): 327−351.

[273] MONTGOMERY D C, WOODALL W H. An overview of six sigma [J]. International Statistical Review, 2008, 76 (3): 329−346.

[274] VIJAYA S M. Rejects reduction in a retail bank using lean six sigma [J]. Production Planning & Control, 2016, 27 (14): 1131−1142.

[275] VIJAYA S M, ANTONY J. Six-sigma for improving top-box customer satisfaction score for a banking call centre [J]. Production Planning & Control, 2015, 26 (16): 1291−1305.

[276] HARRY M J, Schroeder R R. Six Sigma: The breakthrough management strategy revolutionizing the world's top corporations [M]. New York: Doubleday, 2000.

[277] CHOWDHURY S. The power of design for six sigma [M]. Chicago: Dearborn Trade Publishing, 2002.

[278] AKAO Y. Quality function deployment: integrating customer requirements into product design [M]. Cambridge, Ma: Productivity Press, 1990.

[279] ESTEBAN-FERRER M J, TRICÁS J. Applying qfd to strategic quality management in law firms [J]. Total Quality Management & Business Excellence, 2012, 23 (11−12): 1433−1451.

[280] RAHARJO H, BROMBACHER A C, GOH T N, BERGMAN B. On integrating kano's model dynamics into qfd for multiple product design [J]. Quality and Reliability Engineering International, 2010, 26 (4): 351−363.

[281] TAN K C, SHEN X X. Integrating kano's model in the planning matrix of quality function deployment [J]. Total Quality Management, 2000, 11 (8): 1141−1151.

附　录

附录Ⅰ：制造业服务化转型与质量管理调查问卷

在产品与服务相融合的环境中，中国制造企业普遍面临服务转型，因此，本问卷旨在了解制造类企业的服务化现状和质量管理情况，以进行相关学术研究。本次调查结果不作为评价企业的依据，仅用于科学研究。在此，我们郑重承诺，对企业相关信息予以严格保密并接受监督。您的认真填写对我们的研究工作非常重要，衷心感谢您的支持和帮助！

在以下描述中，根据企业当前状态在相应数字上画"○"。

（1：非常不符合；2：不符合；3：有些不符合；4：不一定；5：有些符合；6：符合；7：非常符合）

序号	题项	非常不符合 → 非常符合
SO_1	企业文化强调服务的重要性	1 2 3 4 5 6 7
SO_2	企业关注焦点是为顾客提供高质量服务	1 2 3 4 5 6 7
SO_3	企业始终为高质量服务提供大量资源支持	1 2 3 4 5 6 7
SO_4	企业注重实现对顾客的服务承诺	1 2 3 4 5 6 7
SO_5	企业追求为所有顾客提供产品全生命周期所需要的服务	1 2 3 4 5 6 7
TS_1	企业高层领导认为质量表现在战略上需要优先考虑	1 2 3 4 5 6 7
TS_2	企业高层领导积极推动和参与质量活动	1 2 3 4 5 6 7
TS_3	企业高层领导能够为长期质量活动提供足够的资源支持	1 2 3 4 5 6 7
TS_4	企业高层领导注重对顾客的关注，从顾客需求出发制定目标	1 2 3 4 5 6 7
TS_5	企业的高层领导认为顾客的价值是企业的优先追求	1 2 3 4 5 6 7
RM_1	相比获取经济效益，企业更注重维持良好的顾客关系	1 2 3 4 5 6 7

续表

序号	题项	非常不符合 → 非常符合
RM_2	企业能够与顾客一起解决遇到的各种问题	1 2 3 4 5 6 7
RM_3	企业会开展市场研究以了解顾客需求和感知情况	1 2 3 4 5 6 7
RM_4	企业会像关心自身利益一样关心顾客利益	1 2 3 4 5 6 7
WM_1	企业员工有能力帮助企业提高竞争力	1 2 3 4 5 6 7
WM_2	企业员工能够理解企业的战略方针	1 2 3 4 5 6 7
WM_3	企业员工经常被激励参与质量改进、创新等活动	1 2 3 4 5 6 7
WM_4	企业员工具备产品/服务相关专业知识,有能力提供高水平业务	1 2 3 4 5 6 7
SI_1	企业能够不断创新服务形式	1 2 3 4 5 6 7
SI_2	企业能够使用不同手段和方式提供服务	1 2 3 4 5 6 7
SI_3	企业能够迅速改进产品和服务以应对不断变化的顾客需求	1 2 3 4 5 6 7
SI_4	企业能够通过及时的资源再分配完成服务创新以应对市场变化	1 2 3 4 5 6 7
SI_5	企业拥有将顾客需求引入新服务开发的规范流程	1 2 3 4 5 6 7
PM_1	企业能够根据顾客需求建立相应的服务质量标准	1 2 3 4 5 6 7
PM_2	企业的服务质量标准对于员工和顾客都是透明可见的	1 2 3 4 5 6 7
PM_3	企业能够依据质量标准对服务过程进行监控	1 2 3 4 5 6 7
PM_4	企业能够为传递高质量的服务提供很大支持	1 2 3 4 5 6 7
PM_5	企业能够使用多种方法和技术来减少服务失误	1 2 3 4 5 6 7
IP_1	企业有不断改进产品/服务质量水平的追求和技术	1 2 3 4 5 6 7
IP_2	企业有相应的奖励制度鼓励员工提供改进建议或方案	1 2 3 4 5 6 7
IP_3	企业能够积极为改进活动提供相应的资源支持	1 2 3 4 5 6 7
IP_4	企业会收集顾客反馈,并据其开展必要的改进项目	1 2 3 4 5 6 7
IP_5	企业提供支持性资源的流程很便捷	1 2 3 4 5 6 7
CS_1	总的来说,顾客对于企业的满意度增加了	1 2 3 4 5 6 7
CS_2	通过提供服务,企业的新顾客增加了	1 2 3 4 5 6 7
CS_3	通过提供服务,企业的销售量增加了	1 2 3 4 5 6 7

受访企业基本信息：
①企业名称：_____
②受访者职位：□董事长/总经理　□副总经理/总经理助理　□部门主管
□其他
③企业所属行业：_____
④企业主导产品：1._____　2._____　3._____
⑤企业所有制性质：□国有企业　□民营企业　□三资企业　□其他____
⑥公司资产总额（单位：RMB）：
□少于1千万　□1千万~2千万　□2千万~4千万　□4千万~1亿
□1亿~2亿　□2亿~4亿　□多于4亿
⑦2016年公司总销售额（单位：RMB）：
□少于1千万　□1千万~3千万　□3千万~5千万　□5千万~1亿
□1亿~3亿　□3亿~5亿　□多于5亿

感谢您在百忙之中抽出时间给予本次调研以大力支持，我们再次表示诚挚的感谢！

附录Ⅱ：关于车联网服务质量的调查问卷

亲爱的车主朋友：

您好！本问卷旨在从顾客体验的角度出发，对"车联网系统"的使用感受和服务质量进行调查。本问卷仅供学术数据分析使用，不会涉及任何私人信息，您所提供的回答也将进行保密处理，请放心作答！您的支持将会使车联网的研究更具时代与学术价值，感谢您的参与！

注：问卷中涉及的"车联网系统"是指车载智能终端的使用，包括通用安吉星、观致逸云、丰田G-book、福特Sync、大众Car-Net、CarPlay等各类智能车载终端。

您的基本信息：
①性别：□男　□女
②年龄：□20岁以下　□20~30岁　□30~40岁　□40~50岁
　　　　□50岁以上
③您的汽车品牌：_____
④您的车型：_____
⑤您使用过的车联网设备：
□安吉星　□G-book　□Sync　□MyFord Touch　□观致逸云

☐Car-Net　　☐InkaNet　　☐其他：_____

根据您的个人感受，请在相应分数上打"√"。

（7：非常认同；6：认同；5：比较认同；4：不一定；3：不太认同；2：不认同；1：非常不认同）

序号	问项	非常认同→非常不认同
EU_1	该系统中主要功能的操作都很便捷	7　6　5　4　3　2　1
EU_2	在该系统中可以容易找到我所需要的操作	7　6　5　4　3　2　1
EU_3	进行操作的触屏、按钮等使用灵敏	7　6　5　4　3　2　1
EU_4	操作命令的下达快捷	7　6　5　4　3　2　1
EU_5	系统的显示不会造成我的误读或误操作	7　6　5　4　3　2　1
D_1	该系统的界面和功能显示设置合理	7　6　5　4　3　2　1
D_2	系统的界面设计美观	7　6　5　4　3　2　1
D_3	图标等清楚易辨	7　6　5　4　3　2　1
SR_1	外接设备与该系统能保持稳定的连接，不会自动断开	7　6　5　4　3　2　1
SR_2	进行操作时，指令总能成功下达并实施功能	7　6　5　4　3　2　1
SR_3	系统总能成功识别我的指令	7　6　5　4　3　2　1
SR_4	车载系统在使用过程中很稳定，使用顺畅	7　6　5　4　3　2　1
SR_5	系统运行顺畅，不容易卡机、死机	7　6　5　4　3　2　1
SR_6	碰撞自救、紧急救援等功能感应灵敏，接通服务中心迅速	7　6　5　4　3　2　1
SR_7	系统响应速度快，对我的操作能快速做出反应	7　6　5　4　3　2　1
IQ_1	导航及定位信息显示准确	7　6　5　4　3　2　1
IQ_2	车辆的自动诊断信息是准确的	7　6　5　4　3　2　1
IQ_3	该系统为我提供即时车辆及道路信息	7　6　5　4　3　2　1
IQ_4	该系统为我提供的车辆及道路信息是有用的	7　6　5　4　3　2　1
IQ_5	系统所提供的各类信息是清楚的	7　6　5　4　3　2　1

续表

序号	问项	非常认同→非常不认同
IQ_6	系统能提供我所需要的信息	7 6 5 4 3 2 1
IQ_7	系统根据在线诊断结果给出的警报是可以信任的	7 6 5 4 3 2 1
S_1	在使用车载系统时我的私人信息是受到保护的	7 6 5 4 3 2 1
S_2	在使用车载系统时感觉是安全的	7 6 5 4 3 2 1
S_3	该系统不会被其他人入侵	7 6 5 4 3 2 1
S_4	系统提供方有明确的隐私保护政策	7 6 5 4 3 2 1
C_1	该系统可以为我提供有用的周边信息	7 6 5 4 3 2 1
C_2	使用该系统让我感觉很好	7 6 5 4 3 2 1
C_3	系统会根据我的车辆情况及时推送加油站、维修点等信息	7 6 5 4 3 2 1
C_4	系统显示方式可按照我的个人偏好进行设置	7 6 5 4 3 2 1
C_5	系统升级方式可根据自己的偏好进行选择	7 6 5 4 3 2 1
C_6	车载系统上可以根据个人需求增加模块或应用（App）	7 6 5 4 3 2 1
C_7	车辆相关数据可以进行个性化的增添与设置	7 6 5 4 3 2 1
C_8	该系统中有些有趣的附加功能	7 6 5 4 3 2 1
CC_1	服务中心员工乐于帮我解决问题	7 6 5 4 3 2 1
CC_2	人工服务总能被快速接通	7 6 5 4 3 2 1
CC_3	服务中心员工给出的方案和信息清晰完整	7 6 5 4 3 2 1
CC_4	接通服务中心后语音清晰，沟通很顺利	7 6 5 4 3 2 1
CC_5	服务中心员工总是有能力解决我的问题	7 6 5 4 3 2 1
CC_6	服务中心员工在和我沟通时很有耐心	7 6 5 4 3 2 1
CC_7	服务中心员工能够理解我的诉求	7 6 5 4 3 2 1
CC_8	服务中心员工在和我沟通时态度礼貌热情	7 6 5 4 3 2 1

续表

序号	问项	非常认同→非常不认同
S_1	我很乐意使用该车载系统	7　6　5　4　3　2　1
S_2	我对该系统所提供服务的总体感受是满意的	7　6　5　4　3　2　1
S_3	我认为车载服务的整体质量是过关的	7　6　5　4　3　2　1
S_4	汽车的整体质量是令我满意的	7　6　5　4　3　2　1
S_5	我认为汽车的整体质量很好	7　6　5　4　3　2　1
S_6	我认为选择该品牌的汽车是正确的	7　6　5　4　3　2　1
L_1	未来我还会购买该品牌的汽车	7　6　5　4　3　2　1
L_2	我乐于继续使用该车载系统	7　6　5　4　3　2　1
L_3	未来我会续费该车载服务	7　6　5　4　3　2　1
L_4	我会建议其他亲友在选车时考虑购买该车载系统	7　6　5　4　3　2　1
L_5	有人向我询问时我会推荐该类车载系统	7　6　5　4　3　2　1